古本屋になろう!

澄田喜広

青弓社

古本屋になろう！／目次

第3章　古本屋の技術…55

第4章　古本屋の経営…78

装丁──犬塚勝一

まえがき

「活字離れ」「読書離れ」といわれるようになって、かれこれ二、三十年になるでしょうか。情報を伝えるメディアは、新聞・雑誌・書籍などの活字を媒体とするアナログの時代から、いまやテレビやインターネット、携帯端末中心のデジタルの時代へと完全に変遷を遂げています。

それに伴い、一般市民の読書人口は目に見えて減少しました。それが出版不況という形で経済にも影響を及ぼすようになってからでも、すでに十数年あまりがたとうとしています。一九九〇年代半ばまで右肩上がりで増加していた書籍の総発行部数は、九七年にピークを迎え、それ以後、売り上げは下降の一途に。出版業界全体が縮小傾向にあるのが現状です。背景には、前述のインターネットや携帯端末などの普及が深く関わっています。

実は出版される新刊点数自体は、二〇〇〇年代に入っても増え続けています。つまり、出版社はどんどん新刊を出し続けているものの、一冊あたりの発行部数はかなり減ってきているのです。かつて出版界が好況だった高度経済成長期からバブル期にかけてのように、百万部を超えるベストセラーが次々と世に出た〝大量出版の時代〟は、残念ながら、とうに終焉しています。

こうした事情は当然、書店の品揃えにも影響を及ぼしています。毎月、新刊本が次々と出るなかで、当たり前のことながら、一般の書店は売れる本を中心に並べていくようになっています。営業力がない小出版社が出す少部数の本は、書棚に並べられることもなく、返品されてしまうケースも珍しくないようです。そのかわり、これは売れ筋だという本があれば、同じ店のなかでも平台やレジ前など、お客様の目につきやすいコーナーを中心に何カ所も置かれたりします。

こうして市場には同じ本が大量にあふれることになるわけですが、ベストセラー本が必ずしも良書とはかぎりません。一時的に何十万部も売れるような話題の本は、また飽きられるのも早いのです。芸能人の暴露本やダイエット本、健康本などがその最たるもので、何度も読み返し、読み継がれていくという種類の本ではありません。一度目を通したら、もう二度と手に取ってみようという気にはならないでしょう。

こうした構造を端的に表しているのが、いわゆる新古書店と呼ばれる営業形態です。発売前からベストセラーの呼び声が高い話題の新刊本を、発売当日にいち早く新古書店で売っていることもしばしばあります。これは大量出版―大量消費された本が、たちまちのうちに新古書店へ流れてくるからです。

このように新しいビジネスモデルとして、一時、注目を集めた新古書店ですが、私は昨今、新古書店の先行きにも陰りがみえてきたように感じています。なぜなら、繰り返しますが、大量出版―大量消費される類いの本の価値は決して高いとはいえず、すぐに飽きられるものだからです。何年もの歳月にわたって営々と読み継がれ、最終的に残っていく本は、やはり本物の価値が認められるものです。

賢明な読者は、ベストセラー本よりもロングセラーになるもののほうが、本としての価値が高いことをよく知っています。新古書店が林立し、飽和状態を迎えた今後は、本の価値をきちんと吟味して、次世代に残すべき本を見極める力量がある従来の古書店がいわば本の目利きとしての本領を発揮する時代が、必ずやってくると思います。真の意味での古書店の存在価値が、再び世の中に見直されるときが訪れるはずです。

本書を手に取った人のなかには、古くとも世に埋もれている良書を、それを求める真の読者に手渡したいという熱い思いをもって古本屋を志している人も、少なからずいるでしょう。しかし本書は、古書の価値やおもしろさといったものについてはほとんどふれずに、あくまで商売として、ビジネスとして、古書店を成り立たせる方法に焦点を絞って書いています。

何の商売でも同じですが、古書店をやっていくには、まずビジネスとして成立させ、それを持続していくことができなければ、いくら立派なことを論じたところで意味がないからです。いったん古書店を始めたなら、長く続けてこそ、店をやる意味もあるというものです。ですから本書では、古書店をビジネスとして成り立たせるための、ごく基本的なことを中心に、同業者にとっては当然すぎるくらい当然のことだけを書くことにしました。

古書店をやるにあたって、特殊な才能など、実は必要ないのです。最後まで残るのは結局、なんとしても古書店をやり続けたい——そうした情熱の火をいかに消さずに持ち続けるかということに尽きるでしょう。

では、その情熱を持ち続けるためには、いったい何が必要なのか。その助けになるような、誰にでも実行できるような事柄をまとめたのが本書です。これから古本屋を始めようとする人、それもネット書店ではなくてリアル書店で古本屋をやろうという人たちにとって、多少なりとも本書がお役に立てれば——創業二十二年になる古本屋の先輩おやじとして、これ以上の幸せはありません。

なお、ウェブサイト情報や連絡先などは、二〇一四年六月現在のものです。

第1章 古本屋三十年史

1 古本屋の三十年早わかり

かつて街の古本屋は、店の近隣に暮らす周辺住民の読書欲を満たしてくれる、言ってみれば日用品を扱う店と同様の役割を担っていました。そして、古本屋が付けた値段が、本の内容の評価を表すバロメーターだといわれた時代もありました。

そうした状況が変わったのはここ二十年あまりの、バブル期以降の話です。

とはいえ、変化の種は、一九七〇年代の大量出版時代にすでにまかれていました。読書という行為がもつ意味が、それまでと微妙に変わってきていたのです。

まず、一九七三年の石油ショックを境に本の値段が急上昇し、読者が求める文学も、その頃から様変わりしてきました。映画やテレビと連動したメディアミックスによる宣伝が幅を利かせ、エンターテインメント文学が読者を拡大する一方で、古典や「純文学」は教養人のたしなみともいえる、ごく一部のマイノリティーが愛好する趣味のようなものになっていきました。もはや日本人としてもつべき教養という概念も通用しない時代になったのは、この頃からです。

それまでは、マルクス主義や実存主義など流行の思想は、政治から文学・哲学・芸術（さらに科学）まで、横断的につながる普遍的な教養ともいえるものでした。それが、一九七〇年代以降になると、例えば、かつては芸術という大きなくくりで語ることができた文学、美術、音楽などの各ジャンルが、互いに関連して一つの文化（＝カルチャー＝教養）を作るのが難しくなっていったのです。

そうした影響は当然、書店にも及び、新刊書の世界では、まず十坪（一坪は約三・三平方メートル）以下の小規模書店が消えていきました。販売方法が対面販売から陳列販売に大きくシフトしたからです。

つまり、店の奥に店主が座っているスタイルから、棚自体が本を売る現在のコンビニエンスストア式が主流になり、お客様が自由に店内を「回遊」できるように、ある程度、床面積を広げる必要が生じました。そこで個人経営の新刊書店は、三十坪程度の「中規模書店」のカウンターにアルバイト店員を立たせるスタイルにして、なんとか延命をはかったのです。

一九七五年に京王電鉄系の啓文堂書店が東京・府中に開店するなど、大規模書店が郊外に進出し始めたのもこの頃です。気軽に読み流せるおしゃべりのようなエッセーや小説がベストセラーになる一方で、新たに人文書というジャンルが読者を獲得し、大規模書店を支えていきました。それまで読書には、集団的意思形成の一つの手段という側面もありましたが、この時期から完全に個人の趣味的なものへと変質していったように思います。

一方、古書店のほうはこうした時代の変化に対して、これといった策を講じてきませんでした。諸物価が上がるときには、在庫を多くもつ古物商は何もしなくとももうかります。古本屋は、従来どおりの商売をしていても十分に経営が成り立っていたので、何かを工夫する必要性を感じていなかったのです。

しかしそれは、古本屋側が時代の流れにきわめて鈍感だったことを意味しています。大量出版時代の到来に何ら対応しなかった古本屋に、お客様がフラストレーションをためていただろうことは、いまになればよくわかります。なぜなら、いつ古本屋に行っても読みたい本は見つからず、結果として、世のほとんどの人が古本屋を利用しなくなってしまったからです。古書店はいわば特殊なマニアだけが足を運ぶ場所になっていきました。

そうした状況に伴って、来店する客の数が減ったのを補うために、スーパーマーケットの店頭での「古本まつり」など、催事が隆盛しました。特別な愛書家をターゲットとしていない、一般の読者が手に取りやすい〝普通の一般書〟は、催事だけで扱われるようになったのです。

しかしそれでも、古書店はまだ、ごく少数の「読書人」「愛書家」を対象に商売が成り立っていました。いまからみるとなんとものどかな時代でしたが、これも同業者同士の競争が少なかったから可能だったのです。当時は、ほかにいくらでももうかる仕事があったので、古本屋などという地味な商売を新たに始めようという人は、ほとんどいませんでした。

また、この時代はまだ、古書業界もいまと比べてかなり排他的な業界だったので、そこに新規参入してくる物好きなど、まずいなかったのです。

しかし、そうした業界の閉鎖的な風潮が災いして、古書店で扱う品目にも次第に偏りが生じてきました。そのために一般書に関しては、いわゆる新古書店の参入を許すことになったのです。広い売り場面積をもつ新古書店では、従来の古書店とは比較にならないほど高い利益を上げ、チェーン展開する業者も相次ぎました。

その典型が、郊外型店舗として始まった新古書店のブックオフで、一九九〇年に一号店をオープン、二〇〇〇年頃から都心にも進出を始めました。最寄り品としての古本は、こうしてチェーン店型の新古書店の独擅場になったのです。

自営業である新刊書店の危機から三十年を経て、ついに古書店にも時代の波が襲いかかってきたというべきでしょう。いまや新刊書を扱う書店は、大型店の相次ぐ開業とコンビニによる雑誌やマンガ本の販売拡大の挟み撃ちで、すでに中型店も経営が難しくなっています。古書店だけが高をくくっている時代はとうに去り、新刊書店の一周遅れの感じで、古書店も同じ道をたどっているのです。

そうしたなかで、古いタイプの古書店が、地元民の最寄り商店として生き残っていく可能性が少しでもあるとすれば、それは仕入れ＝本の買い取りに関わる部分でしょう。

それについては、あとで詳しく述べていきます。

大量出版時代の終焉

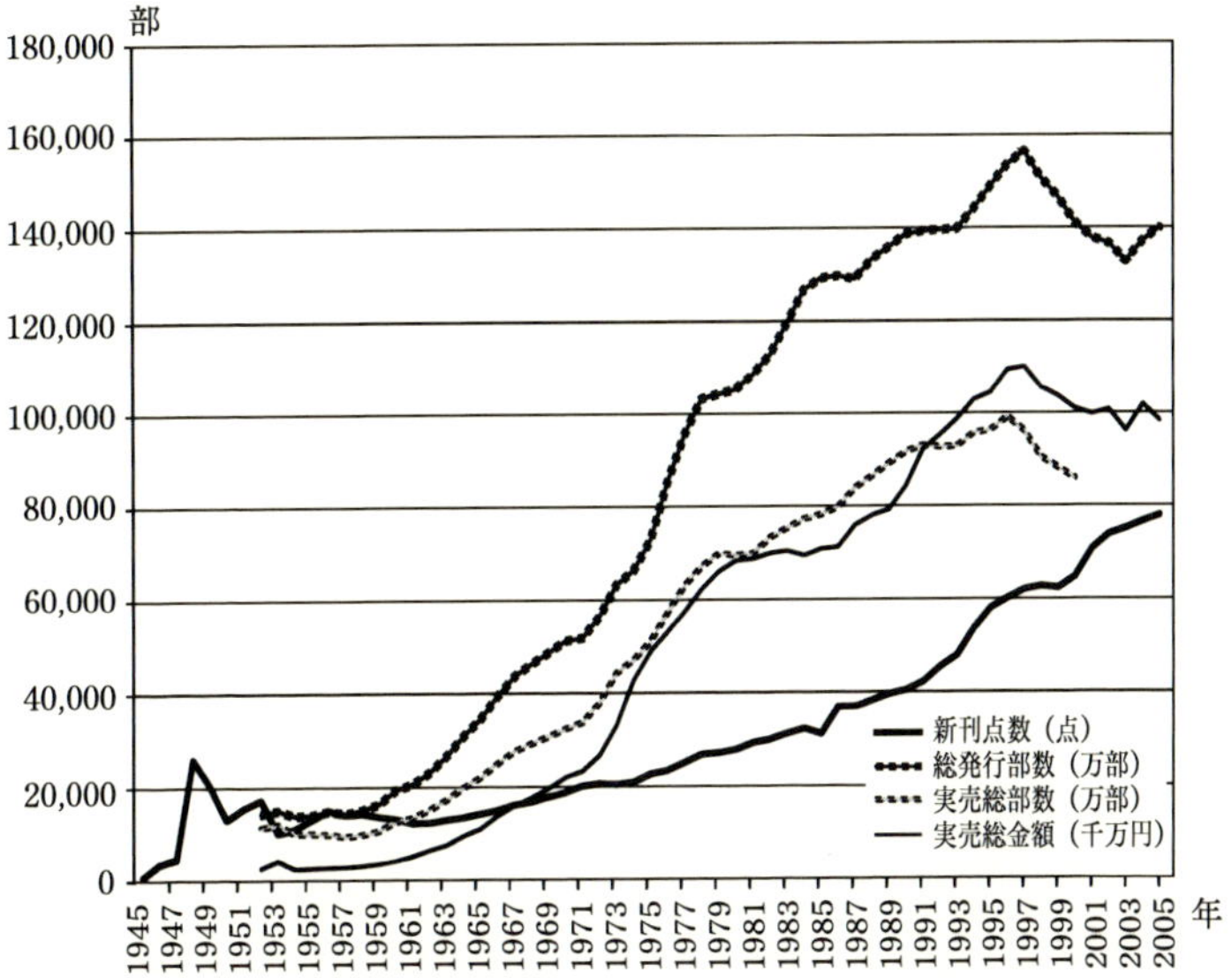

図1　書籍の新刊点数・発行部数（出典：「26-1 書籍・雑誌の発行部数，実売金額（出版ニュース社『出版年鑑』から作成）」「総務省統計局 日本の長期統計系列」〔http://www.stat.go.jp/data/chouki/26.htm〕から著者が作成）

古本屋は、これまでに出版されてきた既刊本を扱う商売です。将来の展望や計画を立てるにあたって、どんな本がどのように出版されて、どのように受け入れられてきたのか。はじめに、ある程度の歴史的な流れを押さえておきましょう。

まず、グラフのうち、図1「書籍の新刊点数・発行部数」をみていきましょう。これによると、総発行部数、実売総部数、実売総金額は、いずれも一九九〇年代後半をピークとして、それ以降落ち始めています。しかしその一方で、新刊点数だけは伸び続けています。

そこで、総発行部数を新刊点数で割って、一点あたりの発行部数を計算したのが、図2「書籍一点あたりの発行

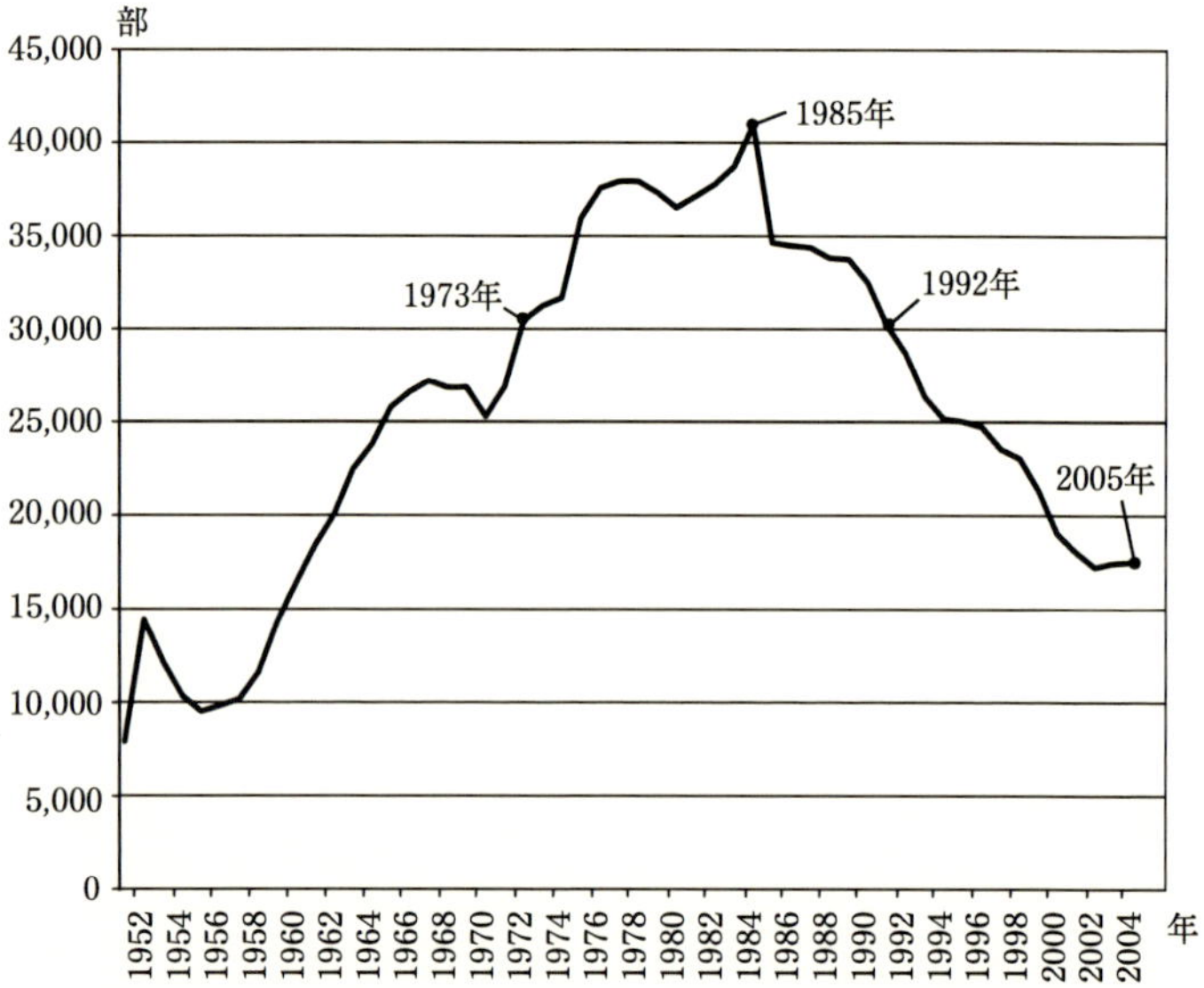

図2　書籍1点あたりの発行部数（出典：「26-1 書籍・雑誌の発行部数，実売金額（出版ニュース社『出版年鑑』から作成）」「総務省統計局 日本の長期統計系列」〔http://www.stat.go.jp/data/chouki/26.htm〕をもとに著者が作成）

部数」のグラフです。これは、同じ本が平均してどのくらい印刷されているかを示しています。ここでは、一点あたりの発行部数が一九八五年をピークにして急激に落ちているのがわかります。一点あたりの総発行部数が三万部を超えているのは、一九七三年から九二年までの二十年間です。

たびたび「大量出版の時代」などといってきましたが、現在では一点あたりの発行部数は決して多くありません。一九八五年に四万部を超えたのをピークに、二〇〇五年には一万八千部程度まで落ちています。これは一九六〇年頃と同じ数字です。同じ本が大量に印刷される時代は、二十年前に終わっているのです。本の出版点数は増え続けていますが、九三年以降は同じ本がたくさんあるという意味で大量出版の時代ということはできません。二〇〇五年に刊行された新刊書のアイテム数は、一九六〇年当時の六倍程度まで増えています。

そして二〇一〇年代には、本はいよいよ多品種少量生産の時代に入りました。これによって、古書店業界にはどのような影響が及ぶのでしょうか。

古書店業界は、何でも二十年遅れで新刊書店と同じ道を歩む――という説がもし真実だとすれば、現在の古本の状況を知るには、一九九〇年代はじめ頃の新刊書店の状況を思い起こしてみればいいのかもしれません。

古書の市場は二千億円

全国古書籍商組合連合会（全古書連）傘下の古書業者は全国で二千三百軒に上ります。一店あたりの平均的な売り上げが年に二千万円ぐらいだとすると、合計で四百六十億円です。ブックオフの連結売り上げが八百億円弱で、そのほかの業者の分が合わせて約五百億円あるとすると、古書業界全体では千七百億円ぐらいの売り上げになります。ただし、これらの売り上げには業者同士の取り引きも含まれるので、最終的な市場規模としては、もう少し小さいかもしれません。

二〇一三年の新刊書籍と雑誌の販売金額は約一兆七千億円だったので、ちょうどその十分の一が中古市場になるわけです。いささか小さすぎるような気もしますが、古書では雑誌の割合が低いので、書籍だけ（八千億円）の二割と考えれば納得がいきます。

ただし、ここにはネットでの販売だけを扱う個人業者は含まれていません。そうした個人業者を古書業界に含めていいかどうかはまた別の問題だとしても、彼らの売り上げがどれくらいなのか、その実態はつかめていないようです。「Amazon」アフィリエイトの経験者によると、中古の本はそちらから売れることも多いそうなので、かなりの金額の古書が流通しているのは確かでしょう。

2 ▼▼▼ 古本屋の歴史とビジネスモデルについて

ここでは、これまでの古本屋業界がどのように形成されてきたのか、そのおおまかな流れをみていくことにします。

出版流通の基本的な仕組み

最初に、出版流通の仕組みについて少しふれておきましょう。

まず、みなさんにしっかりと認識してほしいのは、新刊書店の棚に並んでいる本は、すべて出版社の在庫だということです。つまり、本をナマモノに例えれば、新刊書店の本は出版社がいま現在、取り扱っている、いわば〝生きている本〟という位置付けです。

一方、本の版元である出版社が「この本はもう売れない」と見限った本や、出版社自体が倒産するなどして版元がなくなってしまった本は、さっさと新刊書店の棚から排除されます。出版社で品切れになっている本も同様で、新刊書店で〝生きている本〟としての扱いを受けることはありません。新刊書店で絶版や在庫切れの本をいくら注文したところで、古書店で探してくれと言われてしまうのが関の山です。

言い方を変えれば、出版社がいま現在取り扱っていない本をストックしておく役割を担ってきたのが古書店なのです。のちに詳述する委託販売と再販（再販売価格維持制度）という制度を陰で支えていたのが、古書店だったのです。

このところ、出版社で絶版や在庫切れになっている本を入手するのがだんだん難しくなっているという声をよく耳にします。探している本が見つけにくくなっているのは、なぜでしょうか。

そもそも、伝統的な古書店というのは、店の売り場自体は新刊書店に比べるとむしろ狭い場合が多いのですが、その実、バックヤードに巨大な倉庫をもっているケースが珍しくありません。古書店のこの倉庫は、新刊書店で売れなくなった本をいったん保管しておいて、その本の市場のニーズが再び出てきたときに、倉庫から持ち出して市場に流す役割を担ってきました。

しかし、大量出版の時代には、そうした古書店の倉庫は本来もっていた〝本のダムとしての役割〞を果たせなくなってしまいました。なぜなら、世の中に流通する本が大量出版されるベストセラー本と、すぐに絶版になってしまう少部数の本のどちらかに二極化し、大量出版された本が新古書店を中心に、いつまでたっても市場から消えなくなってしまったからです。

出版から十年二十年を経過しても、ベストセラー本が新古書店の市場から消えることはなく、古書としての価値が復活することはまずありえません。

しかし、そういう時代だからこそ、逆に、街の書評家、本のキュレーターといった役割を担ってきた古書店が再び見直されるチャンスもあると思うのです。このところ、ごく一部ではありますが、〝古本屋ブーム〟などといわれているのも、こうしたことと無関係ではないでしょう。

古書店と新古書店

古書業界は、新刊を扱う出版業界に遅れること二十年で、同じ道を歩んでいると思われます。ですから、ここ十年間の古書業界の動きを知るには、その二十年前、つまり一九九〇年代の出版界の状況をみていく必要があります。

図1にあるとおり、一九七〇年代から九〇年代にかけてが大量出版の時代でした。そのピークは八〇年代で、ここでまさに大量出版全盛時代を迎えます。このとき、古書店は大量出版時代への対応を怠たり、一部の「良質な」本を扱う専門店と、自給自足型の店に分離していきました。専門店は神田神保町などの古書店街を中心に大いに発展します。東京の古書店街は、この神田をはじめ本郷や早稲田など学生街を中心に戦後に形成されたもので、おもにそれらの街で修業した人々が独立して郊外に出店し、これが自給自足型の店舗になりました。

郊外の自給自足型店舗で売れるのは、おもにマンガや文庫本などの読み物とアダルト系などの「日用品」的な本です。しかし、お客様から買い取る本にはさまざまなものが入っているので、特殊なものは古書市場に出すことになります。市場で取り扱われるのは専門書やコレクション向きの本、古典籍などが中心です。

こうして古書店街の専門店と、市場を通じて専門店に品物を供給する自給自足型の店という役割分担が明確になっていきました。

けれども、いまやこうした郊外の自給自足型の古本屋も、新古書店とネット書店の台頭によって、商売を続けるのがかなり難しくなっています。そこで多くの業者が、あとで述べるセレクトショップ型や発見型への業態転換で生き残りをかけています。


専門店が扱う本は、その名のとおりのいわゆる専門書とはかぎりません。それが料理本であっても、マンガであってもかまわない。ともかく、狭い分野の本を掘り下げて集めている店が専門店です。

専門店ではまず、特定の分野の本を集めなければなりません。そのため、むやみに安く売ることはできないようになっています。ほかの商売と違って、古本屋の場合は、同じ商品は一つしかないのが原則です。売ってしまえばその品物はなくなってしまうので、簡単に売れてしまうのも困るわけです。ですから、そこそこの価格を付ける必要が生じます。ここがビジネス上、矛盾したところでもあって、仕入れと同じ速度で売れるくらいの値を付けるのが理想です。

特定の本を集めて高めの値段を付けて売る店は、あとで述べるセレクトショップ型と似ていますが、本を選ぶ基準は異なります。専門店は、店主の主観によって本を選んでいるわけではなく、外部に客観的基準があるのです。

専門店では、例えばアカデミズムや伝統などの既成のジャンルごとに専門の本を選んで集めているので、分野を間違えなければ、はじめから一定の顧客がつくことも可能です。そこからビジネスを大きくできるかどうかは、まだ全国に散らばっているだろう少数の顧客とどのようにつながって、自分の店に囲い込んでいくかにかかっています。この場合、たいていはそのジャンルに特化したコミュニティーがあるので、そこにうまく参加することができれば、顧客の開拓は意外に難しくないでしょう。

そのポイントは、やはり品揃えです。その分野の専門家レベルの顧客を対象に商売をするのですから、生半可な品揃えではとうてい満足してもらえません。新たに専門店に参入するのは一見難しそうですが、分野をうまく絞ることができれば可能です。ではどんな分野がビジネスになりやすいかというと、例えば、建築書や医学書など、大きなお金が流れる業界には、本にお金を使う余裕もあるのではないかと思われます。

一九九〇年代には、大量出版の波がいよいよ古本業界にもやってきました。新古書店時代の到来です。九〇年にブックオフ一号店がオープンし、九四年には百店舗に達しました。

一九九〇年代の半ばには、新古書店という言葉も認知されるようになりました。それまでの「古本」「古本屋」という言葉をあえて使わず、旧来の古書店と差別化をはかり、異なる業態であることをアピールし、一般書の古書だけを扱う店として成功したのです。この新古書店の台頭によって、自給自足型の店は大幅に減少していきました。

ここでいう一般書とは、際立った読書家や専門家を対象とした専門書などではなく、普通の読者をターゲットにした、ベストセラー本を中心とする小説やエッセー、実用書などです。要するに誰でも読める本で、商品の分類としては「日用品」にあたります。

高等数学の本やプロの板前が使う料理の技術書、訓練された読者だけが楽しめる純文学小説などが一般書ではない本です。

新古書店は自給自足型の店の看板商品にあたる部分を完全に切り捨てて、一般書の専門店になることで新たな顧客層を開拓しました。とくに、内装や什器などを新刊書店と見まがう店構えにすることによって、これまで古書店を敬遠しがちだった女性や若者を取り込むことに成功したのです。

これらの新型の古書店のライバルは従来の古書店ではなく、新刊書店です。また、従来の古書店は、そのほとんどが五坪から十坪程度の広さだったのに対して、五十坪以上の売り場面積をもっているのも特徴です。

二〇〇〇年代に入ると、インターネットが普及し、新古書店がいよいよ一般化してきました。ここに至って、古書店でもセレクトショップ型＝個性派古書店とネット古書店の台頭が目立ってきます。

とくにデータベースを使ったネット古書店は、インターネット検索でほしい本が手軽に入手できることから、重宝がられています。

ネット古書店は、店として自立しているタイプと、全面的に検索サイトに依存しているタイプに二分されます。検索サイトに依存して利益を出すやり方は、いわゆる「セドリ」、転売になりますが、最近はネット買い取りを中心として一般客からの買い取りを検索サイトに出品する業態も出てきました。自立タイプは、専門店・セレクトショップ・総合古書店など、さまざまなビジネスモデルがあります。セレクトショップ型については、第8章で詳しく述べます。

二〇一〇年代には発見型総合古書店とネット買い取りの時代が到来し、古書検索がほぼ完成しました。発見型総合古書店は、従来の自給自足型が発展したタイプで、基本的には本をセレクトすることはなく、置ける本はすべて置くことを重視しています。仕事の大半が本の交通整理であることは、自給自足型と同じです。従来との大きな違いは、店舗面積です。これについても、第8章で述べます。

ネット買い取り専門店について

新古書店は一般書の専門店なので、どんな本でも買い取るわけではありません。とくに一般書は、多くの場合、品揃えが陳腐化するサイクルが早いので、常に新しいものだけを買うという新古書店のやり方はビジネスとしては正しいのでしょう。

しかし、従来の、地域に密着した自給自足型の古書店がすっかり減ってしまった昨今では、古い本や専門書の売り先がなくなっています。そこで、新古書店で買わないものを買い取るという、ニッチな新商売が誕生しているのです。

具体的には、多くの店が、店舗を構えるよりもはるかに安い経費で仕入れの基地をネット上に作成し、ネット買い取りをおこなっています。このタイプの店は仕入れだけに特化した店舗名を使ってネット買い取りをおこない、販売は「Amazon マーケットプレイス」などのショッピングモールに頼るようになっているのです。

しかし、「Amazon マーケットプレイス」ではカタログにある品物しか出品できませんし、書誌的には同じでも、サイン本や初版本など、まったく違った価値や需要があるものを売るには、検索サイトは不向きな面もあります。また、個人の資料などのように仕分けそのものが難しく、販売も特殊なルートに頼るしかないといった買い取りも、実際にはあります。

その意味でも、古書組合に加入して、古書市場への出品を主にした買い取り専門店がこれから増えてくることが予想されます。お客様と対面しない取り引きの場合、どのようにしてもとの持ち主の本への思いを引き継ぐことができるか——。一方で、そうした問題も無視することはできませんが、それについては、第5章の「本への思いも一緒に引き取る」で述べます。

3 古書店の種類

古書店と一言でいっても、いろいろな種類や形式があります。これから古本屋を始めようと考えている人は、いったいどんな店を想定しているのでしょうか。

実際の店舗はもたずに、まずはウェブサイト上にネット書店を開店して商品になる古書のリストを掲載し、そこから商売を始めようとしている人もいるでしょう。また、店舗はおろか、ウェブサイトも作成せずに、手持ちの本を「Amazon マーケットプレイス」などに出品して、売っていこうという人もいるかもしれません。

では、リアル書店であれネット書店であれ、そこで扱う商品、つまり古書・古本の仕入れはどうするつもりでしょう。古本屋の看板を掲げたら、古書組合に入り、市場に商品になる古本を買いにいけばいいと考えているのでしょうか？

市場では、いちばん高い値を付けた人がその品物を買うことができます。商品を購入する権利を得られるのです。それとは反対に、インターネットの「日本の古本屋」(http://www.kosho.or.jp/servlet/top) というサイトや、「Amazon」の中古品市場をみるとわかるように、そこはいちばん安い売り値を付けた売り手が有利になる世界です。ということは実際のところもうけはかぎりなく低くなり、場合によってはまったく商売にはならないといったケースも出てきます。それでは、とてもビジネスとして成り立ちません。では、どうしたらいいのか――という話をこれからしていきましょう。

なお、本書では、古本屋を専門店、自給自足型、新古書店、セレクトショップ型、発見型総合古書店、買い取り専門店の六つに分けて考えます。それぞれ時代の要請に応じて形成されたモデルなので、これから新たに古書店を開業しようという際には、それがそのまま当てはまらない部分もあります。このことは、あらかじめご了承ください。

4▼▼▼素人とプロの違い――古本屋の場合

昨今では、ネットオークションなどを活用して、自分の手持ちの本を売る素人《しろうと》がたくさんいます。そうしたなかには、いわゆる〝セドラー〟と呼ばれる「掘り出し物を転売して利ざやを稼ぐ人」も少なくありません。

また、フリーマーケットやバザーなどに、各自数十冊から数百冊ぐらいの本を持ち寄って売る「一箱古本市」のようなスタイルも流行しています。趣味としてそうしたイベントに定期的に出店、参加している人も増えているようです。もっともそれらの形態は、古本を扱うプロとはいえません。あくまで趣味やちょっとした小遣い稼ぎの域を出ないものです。

では、プロの古本屋とは、いったいどのような商売の仕方をしているのでしょうか。

「古本屋」という言葉には二つの意味があります。店としての「古書店」と、個人としての「古書店人」です。店としての古本屋（リアルの店舗か、ネットショップかは問いませんが）は、ある程度の経営規模をもっていて、在庫があり、屋号などのアイデンティティーが継続している――というのが条件でしょう。

なかでも最も重要なことは、在庫をもっているという点です。仕入れたものをとにかく最速で売り抜けることが重要で、いっさい在庫をもたないという方針は、たんなる「転売」であって、本当の意味で古書の商いにはなっていません。

以前であれば古本の転売先は古書店しかなかったのですが、いまでは「ヤフオク！」や「Amazonマーケットプレイス」などインターネットを通じた販売が誰にでもできるようになりました。かつて、「セドリ師」「セドリ屋」などと呼ばれ、何やら秘密めいた稼業だったのが、昨今は同じことをしていても〝セドラー〟などと呼ばれ、誰にでもカジュアルにやれてしまう雰囲気になっています。

そうしたセドラーとは一線を画しているのが、個人としての〝プロの古本屋〟です。「自分で本の値段を決められるか否か」、そこがプロの古本屋と、それ以外の、セドラーや一箱古本市に趣味で出店する素人との決定的な違いだといわれています。ネットで調べたら、平均値がこれくらいだから、自分もこれくらいに——といって値付けするだけでは、プロの仕事とはいえないのです。

とはいえ、従来の古本屋が新古書店や「ヤフオク！」などのネットオークションなど、ほかの相場をまったく無視して、自分の主観だけで値を付けるなどということは、もはやできにくい時代であることは確かです。「ヤフオク！」をはじめ、市場やほかの専門店の売り値など、とにかく自分の店以外での値段はどうなっているのかを目の端できちんと捉えながら、それに加えて該当する本だけでなく、関連本の値段なども抜かりなくチェックして、古書店での本の値段は決められていきます。

例えば、その本の著者にはほかにどんな作品があって、代表作は何か、それら既刊本の平均的な発行部数はどれくらいか。また対象になる読者層についてなど、本に関するあらゆる情報を把握したうえですべてを総合的に考慮した結果が、その古書に付いている価格でなければなりません。したがって、店頭で売られるときの価格は店主が独断で付けている値ではなく、ある程度、必然的な結論がその価格に表れているはずです。

以上のことから、私が考えるプロの古本屋とは、別の言い方をすれば、「なぜ、その価格になっているのかを説明できる人」ということになります。お客様から、「この本、ずいぶん高いね」あるいは「安いね」と問われたときに、その価格がいかに正当なものであるかをきちんと説明できるのがプロです。

例えば、こんなふうに――。

「この本の初版はそれほど珍しくはないですが、発売後に○○賞をとったので、受賞後の帯はそれ以前とは違っています。だから初版元帯付きは、とても価値が高いのですよ」

このような返答ができてこそ、プロの古本屋であり、価格に対するアカウンタビリティー（説明責任）を大切にしている店の姿勢がうかがえるのです。「プロの古本屋」を目指すなら、このような本に対する知識が要求されて当然でしょう。

古本屋としてプロか、そうでないかの分かれ目は、結局のところ、本に対する知識がどれくらいあるのかにかかっています。本のことをよく知っている人でなければ、プロの古本屋にはなりえないのです。そんな当たり前といえば当たり前のことを、ここではあえて述べました。

第2章　本に関する知識

古書店を始めるにあたって、知識・技術は次の三つに要約されます。

①本に関する知識
②本を扱う技術
③古本屋の経営

まず、「①本に関する知識」について述べていきましょう。

実際のところ、本に関する知識は多岐にわたって、長年の蓄積によって身につくものです。これを短期間で習得するのは、そう簡単なことではありません。例えば建築書を扱う場合であれば、安藤忠雄、磯崎新、丹下健三など、日本を代表する高名な建築家の名前くらいは、スラスラと出てこなくては話になりません。

もっとも、自ら進んで本屋をやろうというくらいの人であれば、少なくとも自分がおもに扱おうと思っている分野の本に関しては、もともとが好きであり、相当な知識をもっているはずです。けれども、古書店をやろうとするなら、いまのことだけに詳しくてもダメなのです。時代のトレンドはもとより、歴史的な流れについても勉強しておく必要があります。

先ほどの建築を例にとると、現在の最先端の建築は建築史のどういう流れの結果なのか、といった視点をもっていることが重要で、さらには、日本の建築史研究のパイオニアである辰野金吾や伊東忠太といった人々について、また、ブルーノ・タウト、ヴァルター・グロピウスらが日本の建築をどう評価したか、それが現代にどのような影響を与えているかなどについても、押さえておきたいものです。

さらには、こうした建築自体に関する知識はもちろんのこと、少し掘り下げれば工学や物理学といった理系分野や、美術にも深い造詣が求められますし、建築物のなかで営まれる人間の生活の背景にある民俗や宗教の流れにも通じていれば、「さすがは古本屋さん」と一目置いてもらえるでしょう。

つまり、特定の分野の本だけを扱うつもりでいても、周辺を掘り下げていかざるをえないのが古本屋という商売であり、一つのジャンルだけでは収まりきらない、あらゆる文化・知識に通じている教養の高さが、古本屋には求められるのです。

1▼▼▼多岐にわたる本の知識

いま現在、わが国の書店で購読できる本、すなわち出版社に在庫があり、流通ルートに乗っている本は、七十万点あまりあるといわれています。それに古書店で扱っている絶版本や雑誌のバックナンバー、同じ書誌でも微妙な違いがある異本類、いわゆる書籍には含まれない映画のパンフレットやチラシなどの印刷物、さらには古典籍類、外国の出版物などを合わせると、市場には千万単位、もしかすると、億単位の〝本〟があふれているかもしれません。なお、書名を数える単位が「点」で、書籍の数は「冊」か「部」で表します。

しかしながら、実際のところ、一個人が興味をもって読む本の範囲は案外と狭いものです。どんなジャンルの本にも興味があり、あらゆる本に通じているという本好きもまったくいないわけではありませんが、一般に読書家を自任する人でも、歴史ものなら歴史もの、推理小説なら推理小説といったように、読む範囲はかなり偏っているものです。「どんな本を読みますか?」と質問すると、「いろいろなものを満遍なく」などと答える人であっても、その内容をよく聞いてみると、「推理小説、SFもホラーも」などと言うのです。これでは〝いろいろなものを満遍なく〟とは、とてもいえないと思います。

仮に、ここまで偏っていないにしても、「私は、数学も宗教書も、料理本も山岳関係も、平安時代の古典文学からラテン語の神学書まで、とにかく活字とあれば、何でも読みます」などという人は、まずまれです。長年、古書店をやっている私でも、そうしたマルチな本読みにはこれまで数えるほどしか会ったことがありません。

素人の本好きであれば、それでも十分でしょう。しかしながら、仮にも古書店を経営する店主としては、興味がある分野の本のことしか知らないというのではすまされません。言ってみれば、どんなジャンルの本に対しても、そこから網の目のように広がる「一冊の本が内包する文化」に常にアンテナを立てて好奇心を持ち続けること――それが、古書店主としての必要不可欠な資質になるのだと思います。

求められる本を見分ける技術

本書の読者であれば、たぶんみなさん本好きで、書店にもよく足を運んでいることでしょう。そうしたみなさんが、本屋に並んでいる何百冊、何千冊の、まだ読んでいない本のなかから、自分が読みたい本をどうやって探し出すのか、どのように嗅覚をはたらかせてその一冊を選び出しているのか、考えてみたことがありますか？

古本屋が目の前の一冊の本を自分の店に置くか置かないかを見極める能力も、みなさんが書店の棚から購入する一冊を選び出すときの能力に近いものがあります。結論を先にいうと、この本を読むのはどんな人か――ということに想像力をはたらかせる技術を磨く。これが古本屋稼業の第一歩です。

本を買うときに、みなさんはどこを見ていますか？

本を選ぶときには、目次や索引、文体はどうか——といった本の中身、内容的なものよりも、本の大きさである判型、厚いか薄いかのページ数、表紙の紙は硬いかソフトか、函付きか函なしか、装丁のデザインなど、その本の形に込められた「メタメッセージ」のほうが、実はとても重要なのです。読者は、そこから発信されているものを無意識に読み取って、本を買っているからです。

このメタメッセージについて説明する場合、私はよく夫婦や親しい友人同士の日常的な会話を例に挙げます。そこで大事なことは、話している内容そのものよりも、言い方のニュアンスのほうです。「ずいぶん遅く帰ってきたね」というような文字にすると何げない一言であっても、けんか腰で言うのか、いたわりの情を込めて言うのかによって、受け取る側の印象は大きく変わります。言っている内容よりも、言い方によって多くの情報が込められています。

本についても同様で、その本を一目見た瞬間に、本が発しているメタメッセージのニュアンスを買い手は本能的にキャッチします。誰でも、自分が好きでよく知っているジャンルの本に関しては、このメタメッセージを受け取る技術をある程度、自然に身につけています。例えば、料理本を買い慣れている人であれば、カバーの写真の撮り方、帯の文言の言葉遣いから醸し出される雰囲気、判型や厚み、表紙の配色、本文のレイアウト、そのほかさまざまな小さな手がかりを総合して、「これは自分に向いた、いい本」かどうかを容易に見分けることができるでしょう。

プロの古本屋であれば、そうした本を見極める能力が、どのジャンルの本に関しても人よりも抜きんでて鋭いことが必要です。本を見た瞬間に、これはどんな読み手に求められているかを見極める技術を高めていくこと――それこそが古本屋にとって、必要不可欠な大事なスキルの第一歩になります。

その際に古本屋が手がかりとしているものが、本の外観が伝えるメタメッセージで、そこから読み取れる情報を、私は「本のスジ」と呼んでいます。「本のスジ」は、世の中でその本がどんなポジションにあるのかを端的に表しています。書かれている内容よりも、何について、どんなふうに書いてあるのか――つまり、テーマよりも、その伝え方のニュアンスのほうが重要なのです。

もう一つ、「本のスジ」を考えるうえでは、小説や詩、エッセー、実用書、啓蒙書、論文、教科書などの表現形式も、大事な要素になっています。

メタメッセージとは

例えば「寒いな」と誰かが言ったとします。言葉の論理的な意味は、気温の低さを感じているというだけです。しかし、発言の状況に応じて「窓を閉めろ」という命令だったり、「コートを着ていったほうがいいかな?」という質問だったり、「夕食は鍋物にしよう」という判断だったり、あるいは「おまえのギャグはいつもつまらないから、番組から降ろす」という宣言だったりするかもしれません。

何かの発言があった場合、その言葉を単体で取り出しても意味は決定しません。意味はコンテキスト（文脈）によって決まります。「寒いな」が命令だとしたら、二人の間にはそういう命令を下せる関係が＝コンテキストが存在していることになります。そしてその知識は、言葉が発せられる背景として二人に共有されているはずです。

言葉には、必ずその言葉の意味を示す「ラベル」のようなものがついています。ラベルは声のトーンだったり、身振りだったり、発言の状況だったり、そもそも発言すること自体だったりしますが、セリフとして文字に起こしてしまうと失われてしまうものがほとんどです。

どのような形式であれ、メタメッセージは「ものの言い方」として必ず言葉のやりとりについて回ります。コミュニケーションには必ずメタメッセージがついています。というより日常的なやりとりはほとんどがメタメッセージでおこなわれるといっていいでしょう。会議や講演会など公式の場面ではメタメッセージのやりとりは控えめになり、メッセージ（言葉の論理的な意味）が重視されます。他方、親しい間のコミュニケーションほど、メタメッセージのやりとりの量は多くなります。例えば夫婦げんかなどは、「何を言ったか」より、「どう言ったか」で始まる場合がほとんどです。このようにメタメッセージの役割が大きい場合、コンテキストへの依存度が高いという意味で「ハイコンテキスト」だといいます。

本のような書き言葉のメディアにも、話し言葉ほど豊富でないにせよ、メタメッセージが含まれています。次に述べる「本のスジを見抜く方法」は、いかにそのメタメッセージを受け止めるかという技術です。文章に書いてしまえばあまりに当たり前で、わざわざ説明するまでもないように感じますが、普段自分の得意分野では無意識にできることでも、それ以外の分野では途端に機能不全に陥ることがあるので、あえてここで言語化してみました。

「本のスジ」の見抜き方

まず、本の全体を見ます。装丁の雰囲気からエンターテインメント系なのか、知的好奇心を満たすための本なのか、あるいはまじめな論文なのかといったことをざっと判断します。次に本の判型やページ数などをよく見ます。小説やノンフィクションはほとんどの場合、四六判やＢ６判と呼ばれる判型であるのに対して、学術書はもうひと回り大きいＡ５判（月刊誌の「文藝春秋」〔文藝春秋〕などの大きさです）が多く、学術書でＢ６判であれば、内容的に少し軽めで、読み物的な要素が濃い可能性があります。

文字の組み方、索引がある／なしなども、本の性格を判断する材料になります。索引や注があれば、知的レベルが高い本であることがわかります。カギ括弧でくくられたセリフが多いものは、まずほとんどが小説で、小説ほどではないにしても、多少セリフがあるものはノンフィクション（ルポルタージュ）の可能性が高いでしょう。

また、版元の出版社がどこかはとても重要です。例えば、みすず書房や青土社であれば、広い意味での現代思想に関する本だとわかります。柴田書店なら、プロの料理人を対象とした技術書が多いでしょう。自費出版や補助金で作られた本はあまり売れ筋とはいえません。いずれにしても、出版社によってどういう系統の本であるかをある程度、判断することができます。

コンテンツよりもメディアとしての外観

本では著者が書いた原稿がコンテンツです。編集者や装丁家がそのコンテンツを本という形に仕上げ、メディアとしてこの世に送り出すわけですが、メディアは出版社のものでもあります。

古本屋が値付けをするうえで重視すべきなのはコンテンツ（中身）ではなく、メディアとしての本の外観のほうです。メディアとしての本からは、たくさんのメタメッセージを読み取ることができます。

もちろん、内容はどうでもいいということではありませんが、なかのコンテンツを読まなくても、誰に向けて、何について、どのようなニュアンスで作られた本であるかは、そのメディアとしての形態をみればある程度、把握することができるのです。とくに専門的な論文（モノグラフ）では、論文の結論よりも、どういう読者を対象として書かれたものか、どういう方法による、何についての研究なのかが、値付けをするうえでより重要な要素になります。

読者の対象として想定されている集団などは、発表舞台をチェックすればある程度、予測がつきます。学会誌などであれば、その学会に属している人とその関係者向けになりますし、専門雑誌であれば、アマチュアの研究者を含めた専門家向けのもの、総合雑誌であれば、広く一般の知識人をターゲットにしています。

学術論文以外でも、趣味の専門雑誌と娯楽雑誌では読者層が異なります。選書や新書などのシリーズは書き下ろしがほとんどですが、多くの場合、ターゲットとする想定読者（ペルソナ）がはっきりしています。文庫や単行本に収録されているものも多くは初出誌が記載されていますし、出版社がどこかをチェックすれば読者層はほぼ見当がつきます。

教科書と教養書の違い

学術専門書の場合、見落としてはいけない重要な点は、一般読者の知的好奇心を満たすための教養書なのか、あるいは特定の大学で講義のテキストとして使うことを前提とした教科書本なのかを見分けることです。教科書を一般向けに売ろうとしても、無理があります。

「言語学概論」「ミクロ経済学」のように、その学問全体をカバーするようなタイトルの専門書はたいてい教科書です。また、教科書であれば、シリーズ名や副題で見当がつくことも多いでしょう。「××大学教養シリーズ」とか「統計学入門――経済学を学ぶ学生のための」などといったように副題がついているものです。

また、教科書の執筆者は複数であることが多く、何人もの著者が分担して書いている場合も珍しくありません。各章ごとに著者が立っていて、全体をその分野の重鎮が監修する形でまとめている形式のものは、まず教科書と考えていいでしょう。そこに書かれているのは特殊な主張や新発見といったものではなくて、学会などで共有されている定説をまとめたものなので、複数の著者が立つことが可能なのです。

一方、教養書はほとんどが単著で、著者は一人、多くても二人といったところでしょう。なぜなら、教養書は著者による独自の研究成果をまとめたもので、著者の一貫した世界観で構成されているからです。そこで主張されていることは、必ずしもその学問ジャンルで一般的に認められているとはかぎりませんし、むしろ新しい主張だからこそ、それを世に問う形で出版するのです。そこにこうした本を読む価値があり、読者としても常識的な見解や思想とは異なる考えに遭遇することは非常に刺激的で、自己に揺さぶりをかける体験につながります。

発表時期や媒体が異なる、多数の著者によるバラバラな読み物を集めて一冊にまとめたものをアンソロジーといいます。編者が一貫した考えのもとに一つの世界観を構築して、その本を編んでいます。講座ものなどもこのカテゴリーに入りますが、古書店での売れ行きはあまりいいとはいえないでしょう。

そのほか、教科書に近いものとしては、啓蒙書・入門書といったものもあります。原則として、その分野の専門家がおおよそ認めていることを中心にまとめられていますが、書き方などに著者のオリジナリティーが織り込まれ、一冊の書として通して読めるような工夫がされています。教科書では割愛されている演習問題の解説なども、丁寧に記述されているものが多いようです。

こうした入門書が大学の教科書として使われていることもあり、どの大学の何の講義で使われているかを調べて、ターゲットを絞って売ることもできます。ただし、数年おきに新版に改訂されることがあり、その場合には、古い版（古書店では古版と呼びます）はまず売れる見込みはありません。例外として、理系の教科書の代表的なものは非常に広く使われていて、独学で学ぶ人が買い求めるケースも少なくないようです。

本の帯や目次を必ずチェックする

本に帯がついている場合は、必ず帯のコピーを読みます。帯には、その本を作った出版社の編集者が、その本を売ろうとしたポイントが書かれています。帯は、書店の店頭で読者の関心を引くためのものです。つまり、店頭でそれを見た人に買ってもらうことを目的とした販促品なのです。帯がなくても、カバーの裏や袖の部分などに、著者のプロフィールや内容の概要が記されていることがあります。それらも、出版社がつけた販促のためのキャッチコピーです。

一方、発行部数が少なく、店頭でのセールスをあまり重視していない堅くてまじめな論文などには、ほとんどの場合、はじめから帯やキャッチコピーはついていません。

帯の次に重要なのは目次です。目次も必ずチェックしましょう。よく考えて練られた目次なら、目次を見るだけで、何について書いてある本なのか一目瞭然です。重要なのは何が書いてあるかではなく、何について書いてあるかです。本にとっては、結論よりもテーマが大切で、テーマはいわば本の心臓ともいえるものです。

これは学術書に限ったことではありません。例えば推理小説も同様で、本を売るために重要なのは誰が犯人かということではなく、どういうシチュエーションで事件が起こり、どんな登場人物が、どのように事件を解決していくのかなのです。それによって、同じ推理小説でも本格推理や警察小説といった、より細分化されたカテゴリーに分けられます。大事なのはその点なのです。

また、まえがきとあとがきも重要な部分です。何のために、何について書いた本なのかが記されているからです。それが本格的な学術書であれば、非常に細分化された学問ジャンルの、そのまたごく一部に関わる論文が多いわけですが、まえがきを読むだけでも、その著者のオリジナリティーを垣間見ることができます。

さらに参考文献がついていれば、その本が射程としているところがわかります。ただし引用文献ではなく、ただ文献名が掲載されているだけの場合、その本を読み終えたあとにさらに学びたい人のために、より高度な本を紹介していることもあります。

本文の文体については、少し読んでみるだけでも、対象としている読者層はおおよそ想像がつきます。文体は、話し言葉での声のトーンや口調に相当します。くだけた口調で深刻な話や複雑な話はしないでしょう。文体と内容は通じ合うものがあります。なかにはカジュアルな文体で高度な内容を伝えようとする、例えば文芸評論家の斎藤美奈子のような書き手もいますが、ほとんどの著者はどんな文体を採用するかによって、その本の読まれ方まで想定しています。古本屋が店での価格を設定する際も、内容よりも文体のほうを重視し、文体に合わせた価格にします。

本が置かれた歴史的文脈を知る

著者がどんな人物なのかを知ることは、古本屋にとって最も重要な事柄です。著者についていろいろな情報を知っていれば、どんな本なのかはすぐにわかります。

その本の著者はどういう経歴の、どんな人物なのか。師匠は誰で、弟子筋は誰なのか――。著者についての知識をどれだけもっているかは、古本屋にとって大きな財産になります。それによって、その本がもつ空間的・時間的なつながりを把握することができ、その本が歴史的文脈のなかでどのような位置にあるのか、また現代社会での意味や価値というものを知る手がかりにもなります。

しかし、その本がどういう本なのか、つまり、その本がもつ意味や価値といったものは必ずしも一つではなく、時間とともに変遷していく場合もあります。

古本屋が、初版の出版時に著者や出版社が意図したこととは違う文脈で本を売ったとしても、まったく問題はありません。むしろそのように、本の価値を時代に合わせて新たに創造していくことが、古書店の究極の役割といってもいいでしょう。

古本屋での本の分類

私は自分の店であるよみた屋の従業員に、「本を分類してはいけない」といつも繰り返し伝えています。なぜなら、図書館のような一つの約束事に従った分類の仕方は、本の貸し手と借り手が共通認識をもっている場合に成立することであり、古本屋はそうではないからです。古本屋に足を運ぶお客様の目的や意図は各人各様です。そこに図書館のように一律のルールを敷くことはできません。

古本屋がいちばん念頭に置かなければならないことは、商品のプレゼンテーションです。つまり、お客様に本を買いたいと思っていただくことが最大の目的であって、これは図書館のような検索的な対応とは異なります。

とはいえ、本をディスプレーするにあたっては、ある程度の交通整理が必要です。そのため当店では、まず表現形式で本を分類しています。ここでいう表現形式とは、文芸、マンガ、評論など、内容ではなく、表現手段のジャンルです。それと同時に、娯楽を目的とした本なのか、実践的なアウトプットを想定した本なのか、言葉で議論のやりとりをするための本なのかなどを分けていきます。

まず、娯楽の本としては、一般的には小説やエッセーが入ります。文学や美術関係でいえば、文学研究、美術研究以外のものです。芸術書も娯楽本のなかに入ります。

次に、実践的なアウトプットを想定した本には、実用書や実務書が入ります。実用書とは、おもに家庭のなかでの事柄や娯楽の実用に使われる本です。料理や旅行の本が中心で、その多くが女性向けです。この実用書に近いものとして実務書があります。仕事などのやり方が書いてある本です。教育や法律など専門家向けのものがほとんどで、医学書や理系の技術書なども、それを使って何かをするという意味では実務書の仲間と考えられます。

最後に言葉で議論のやりとりをするための本として、いわゆる学術書などがあります。それを読んで何かをするということもあるでしょうが、学術書の著者が期待するのは、ほかの学術書の書き手からの反応です。

古書店でのこうした取り扱いは、その本のもともとの作り手である版元の出版社や著者の意図に従う必要などまったくありません。例えば写真が美しい料理本であれば、実用書ではなく、娯楽のための芸術書として売れる可能性もあるのです（もっとも作り手の側も、半分はそうした売り方を想定していたかもしれませんが……）。

2 ▼▼▼本の流通

再販制度と委託販売

①再販制度

古本屋は、お客様から買い取った本を、さらに別のお客様に売る商売です。したがって、新刊書が売れていないと商売にならないという前提があります。その意味で、出版の新刊流通の仕組みについてもある程度の知識が必要です。

一般の人にはあまり関心がないことでしょうが、出版業界の特殊な事情として、新刊流通には再販制度というものがあります。これについて、まず説明していきましょう。

日本中どこの新刊書店にいっても、同じ本は同じ値段、つまり定価で売られています。ほかの商品のように、同じ品物でも店によって値段が違うことは決してありません。本だけがなぜ、どの書店でも同じ値段で売られているのか、不思議に思ったことはないでしょうか。その理由は、本のメーカーである出版社が「定価」を決めて、小売店である新刊書店がその価格で売っているからです。

普通は、商品を仕入れた小売店は自由な価格でその商品を消費者に販売することができます。仕入れた商品を自分の店でどのような値で売ろうと、または処分しようと、商品を仕入れた側の勝手です。メーカー側が決めた価格を小売店に守らせる行為（再販売価格維持行為）は、公正な競争を阻害するものとして独占禁止法で禁止されています。

しかし例外的に、いくつかの商品についてはメーカー側が小売価格を決定できるという制度があります。これを再販制度といい、具体的には書籍・雑誌、新聞、音楽ソフトのメディア商品などが対象になっています。

音楽ソフトは時限再販といって、一定期間後には定価の縛りが消えます。しかし、書店で扱う書籍・雑誌については、出版社が定価をはずさないかぎり、どんなに時間がたっても縛りが消えることはありません。とくに日本での再販制度はかなり拘束力が強いもので、存続か廃止かの議論が続けられた結果、「当面は存続」という結論になっています。先進国ではアメリカ・イギリスは自由価格、フランス・ドイツでは時限再販になっています。

②委託販売

新刊書店のもう一つの特徴として、委託販売があります。新刊書店の本は、原則として出版社に返品することが可能です。

書店に並んでいる本は、大きく二種類に分けられます。一つは新刊書として毎日送られてくる「新刊委託」の本、もう一つはロングセラーのもので、年に一回交換する「常備寄託」の本です。

新刊委託は、百五日以内に返品すればいいのですが、実際には書店に送られてきたその日のうちに、一度も棚に並べることなく返品される本も多いようです。昨今の新刊書の返品率は四〇％前後といわれています。

常備寄託は、出版社が作ったセットを丸ごと一年置いて、売れた分だけ補充して支払いする仕組みです。たとえ書店に並んでいる本であっても、帳簿上は出版社の在庫としてカウントされます。そのほか、「長期委託」といって、書籍の問屋にあたる取次店が作った季節ものの商品セットなどが、六カ月単位などで委託されることもあります。

このあたりのシステムは複雑で、書店や取り引き先の取次店によっても異なるようです。また雑誌については、月刊誌であれば二カ月程度といったように、刊行間隔によって返品期限が決まります。

取次店について

出版社は日本中に何千社とあり、その多くが零細企業です。これらの出版社の本を全国の書店に送り届けているのが本の卸売商である取次店で、本の運輸、情報伝達、決済などの機能をもっています。いわば新刊書流通の要になっているわけです。なかでもトーハンと日販（日本出版販売）の二社が取次店業界のシェアの半分を握っていて、出版社はこうした大手取次店と取り引きができないと全国の書店に自社の本を配ってもらえません。

また新刊書店は、取次店が配本してくる本のなかから店に置く本を選ぶしかありません。したがって、売れ筋の本を希望どおり配本してもらえない場合もあり、これが書店にとっても泣きどころになっているようです。

本の定価はこう決まる

本の定価のうち書店のマージンは二〇%あまりで、取次店が七、八%から一〇%です。つまり、出版社の卸値は定価の七割弱ということになります。

出版社から取次店までの倉庫代や運送費が一〇%程度、印刷代・製本代・用紙代など、本を作る直接の経費が平均して二五%から三五%程度です。そのほか、本の中身を作るコストとして著者への印税一〇%に加えて、編集費や広告費などがかかります。

簡単にいえば、本の定価は発行部数で決まります。同じものをたくさん作れば、一冊あたりの制作費は安くなります。内容的に高度で難解な本は一般的に高価ですが、これは内容が充実しているからというよりも、少部数の出版のために価格が高くなってしまうのです。例えば、情報量が膨大で、編纂にも多大な経費がかかっていると思われる『広辞苑』(岩波書店)の場合、すでに辞典としての評価が高く、たくさん売れることが予測できます。ですから、本のボリュームが大きいわりに、定価が低めに抑えられているのです。

もっとも、古本屋的な感覚でいえば、新刊で売れていない本だからこそ希少性が高まり、高額な本がより高くなるという傾向も認められます。

逆に、もともとの定価が安く、たくさん売れたベストセラーものは、古本としての価値はあまりありません。そのためほとんどの場合、定価よりもかなり安い値が付いています。

古本屋が好む本は、大衆受けするものよりも、少々ひねくれたものになりがちです。言ってみれば、知る人ぞ知る、少数派に強く支持されるような本が、古本屋好みなのです。その意味で、古書店では夏目漱石より澁澤龍彦のほうが評価が高くなります。だからといって、文学として澁澤が漱石よりも価値が高いというわけではありません。そのあたりは、誤解がないようにしてほしいと思います。

ＩＳＢＮの読み方

どの本にも、裏表紙の定価の上のあたりに、十三桁のコード番号がついているのを知っていますか？　これはＩＳＢＮコードといわれるもので、ＩＳＢＮとは International Standard Book Number（国際標準図書番号）の略です。もとは十桁のコードでしたが、それでは間に合わない国が出てきたため十三桁に改められ、日本では一九八〇年代前半から記載されるようになりました。

例えば「978-4-480-06526-1」というＩＳＢＮコードをみてみましょう。冒頭の「978」という数字は、ＩＳＢＮであることを示したもので、国によっては「979」も使われています。その次の「4」は日本の出版物であることを表しています。

次のハイフンからハイフンまでの数字が出版社のコード（出版者記号）で、桁は決まっていません。これは、日本図書コード管理センターに登録料を払って取得します。そのあとに続くのが書誌ごとの番号（書名記号）で、出版社が自身で管理して割り振っています。そして、最後の一桁はそれまでの番号から計算された値で、チェックデジット（チェック数字）と呼ばれています。これは機械で読み取ったときなどに、正しく読み取れたかどうかを確認するための数字です。

出版者記号から書名記号までは八桁です。出版者記号が短ければたくさんの書名記号が使えるので、大手の出版社では二桁などの短い出版者記号を使っています。また、書名記号の桁が多いほど、登録料は高くなります。

Cコード

本の裏表紙には、バーコードが二段に印刷されています。上の段は前述のＩＳＢＮの番号で、下の段は本の分類や定価を示しています。上下二段合わせて書籍ＪＡＮコードといいます。二段目に「1920230007206」とある場合、最初の「192」は書籍ＪＡＮコードの二段目という意味です。次の四桁が分類です。これをＣコードといい、販売対象（一桁）、発行形態（一桁）、内容（二桁）で構成されています。Ｃコードと内容の関係を表1に示しました。

次の五桁は本体価格を表しています。最後の一桁はチェックデジットです。バーコードに添えられている数字も同じことが書いてあります。「192」のかわりにC、価格の最初に¥マークのようなものが付いています。最後のEは終了の意味です。

最初が「191」で始まるものは消費税が三%時代の本で、価格は税込みになっています。添えられている数字のほうでは、¥マークのかわりにＰになっています。

日本十進分類法

Ｃコードの内容分類は、日本十進分類法（ＮＤＣ）をもとにしたもので、ＮＤＣは日本の図書館

表1　分類記号一覧表

①販売対象（1桁目）	コード	0	1	2	3	4	5	6	7	8	9
	内容	一般	教養	実用	専門	その他 消費税非課税品 検定教科書	婦人	学参I（小中学生対象）	学参II（高校生対象）	児童（中学生以下対象）	雑誌扱い
②発行形態（2桁目）	コード	0	1	2	3	4	5	6	7	8	9
	内容	単行本	文庫	新書	全集・双書	その他 日記・手帳 ムック・カレンダー	辞典・事典	図鑑	絵本	磁性媒体など	コミックス

③　内容　3桁目：大分類　4桁目：中分類

全集・双書（シリーズ）は一点ごとに主題に合わせたコードとする。**空白の部分はリザーブコードなので使用禁止。**

大分類＼中分類		0	1	2	3	4	5	6	7	8	9
0	総記	総記	百科事典	年鑑・雑誌		情報・科学					
1	哲学・心理学・宗教	哲学	心理(学)	倫理(学)		宗教	仏教	キリスト教			
2	歴史・地理	歴史総記	日本歴史	外国歴史	伝記		地理	旅行			
3	社会科学	社会科学総記	政治含む国防・軍事	法律	経済・財政・統計	経営		社会	教育		民族・民俗
4	自然科学	自然科学総記	数学	物理学	化学	天文・地学	生物学		医学・薬学		
5	工学・工業	工学・工業総記	土木	建築	機械	電気	電子通信	海事	採鉱・冶金	その他工業	
6	産業	産業総記	農林業	水産業	商業		交通・通信業				
7	芸術・生活	芸術総記	絵画・彫刻	写真・工芸	音楽・舞踊	演劇・映画	体育・スポーツ	諸芸・娯楽	家事	日記・手帳・カレンダー	コミック・劇画
8	語学	語学総記	日本語	英米語		ドイツ語	フランス語		外国語		
9	文学	文学総記	日本文学総記	日本文学詩歌	日本文学小説		日本文学評論・随筆・その他		外国文学小説	外国文学その他	

の多くが採用している和書の分類法です。

これは0から9までの数値を使って、大項目（類）、中項目（綱）、小項目（目）の三桁で表す分類法で、さらに細かく分ける場合はピリオドをつけて細分し、大分類から小分類へと階層的に分類しています。

一桁目は、「0総記」「1哲学」「2歴史」「3社会科学」「4自然科学」「5技術・工学」「6産業」「7芸術・美術」「8言語」「9文学」となっています。

歴史的にみると呼び名が多少変遷していますが、どの図書館にいっても、同じ本は同じ分類になっています。Cコードと比べてみると、一桁目はだいたい同じになっています。

第3章　古本屋の技術

以下では、第2章の冒頭で挙げた古書店に必要な知識・技術のうち、「②本を扱う技術」を紹介します。

1▼▼▼本を運ぶ

古本屋の看板を掲げる場合、最初に必要になるのは、大量の本をいかに素早く運ぶかという技術です。手で本を運ぶ場合、四十五センチ程度に縛った束を体の両側に持って運ぶのが最も安全で効率的です。

本を縛る

人によって結び目の作り方などに多少の違いはありますが、二十冊から三十冊を束にして、ひもで結んで積み重ねるという点では同じです。ひもはたいてい、ポリエチレン製の五センチ幅の平テープを使います。スズランテープ、ヘイコー平テープなどの名称で市販されています。

縛り方の順番ですが、まず、本の表紙を上にして積み重ね、テープを二重に巻いて結びます。この際、十字にはしません。十字にすると力が分散して、かえって崩れやすくなってしまうからです。縛った本は、ひもの背表紙側の真ん中を持って運びます。そうすると両側から力がかかって、束がきつく締まります。ただし、両端の本にひもの跡（縄目）がついてしまわないように、高価な本の場合は当て紙をします。

こうして作った束を車などで運ぶときには、小口を下にして積み重ねます。小口はでこぼこしているので、下の束とかみ合って容易に崩れません。長期に保存する場合は、背表紙に力がかかってしまうと本が傷むので、表紙を上にして積み重ねます。

市場に出品する場合も、このようにして束ねた本を、背表紙が見えるように天を上にして積み上げます。棚などがなくても、数百冊の本を一目で見せることができます。即売会などで、短時間で会場を設営しなければならないときなどは、束ねたまま本棚に載せてからひもを切ります。一冊ずつ棚に置くより、はるかに速く本を並べることができます。

大量の本を傷めずに素早く安全に運ぶには、縛るのが最も適しています。本の束は体の真横で両手に持つことができるので、腰にあまり負担がかかりません。最初はひもが手のひらに食い込んで痛いでしょうが、すぐに慣れるはずです。

箱に入れると、どうしても前屈みになって持ち上げることになるので、かえって危険です。また、中身が見えないので、何が入っているかわからなくなります。箱に梱包するのは運送屋を利用する場合などだけです。

　高額な本や和本などは風呂敷を使います。昔はどこの本屋も、布団を包むような大判の風呂敷を必ずもっていました。近年では、染物屋でも大判の風呂敷を作っているところが少なくなってしまい、入手しづらいのが悩みです。仕方がないので、私の場合は、ひざ掛けやカーテン地の不要になったものを代用しています。

2 ▼▼▼本の欠陥を見つける

落丁の見つけ方

　古本のなかには、欠陥がある本もときどきあります。代表的な欠陥は、書き込みと落丁です。

　普通、落丁とは製本時のページの欠落を指していますが、古本屋では、前の（あるいはその前の）持ち主が切り取るなどしてページが欠落している場合も落丁といいます。古本屋は、版元に責任がある落丁を元落と呼んで、あとで生じた落丁と区別しています。最近の本では元落はほとんど見られませんが、一九七〇年代以前の本には、ときに元落がありました。江戸時代以前の和本になると、けっこうな確率で出てきます。

　また、乱丁といって、ページ数に不足はなくても、順番や印刷の向きが間違っている場合があります。

昔の古本屋は、本を見ずに手だけでページを五枚（十ページ）ずつ繰って落丁を確認していたそうです。振り市（後述）では、次々に本が出品されるので落札した本を調べている間も次の出品物に視線を向けていなければなりません。だから、古本屋は誰でもそうしたテクニックを身につけていたのです。われわれの世代になると、ページ数（ノンブル）に視線を固定して、パラパラ絵本のようにめくりながら、十の位だけを見ていきます。

和本は少しだけ抜けていることがありますが、洋装本では十六ページとか三十二ページというまとまった単位で落丁が発生するので、このような方法で発見できます。

写真が多い音楽雑誌などの場合、切り抜きをする人も珍しくありません。ページ全体をノドの奥から切り取られると、ちょっと見ただけでは気がつかないこともあります。これを発見するには、背表紙近くを指で強く挟んで、天地の裁断面をよく見ればわかります。真ん中をくりぬくように切り取られていると、この方法では見つけられませんが、そういうページがあれば紙が弱くなっているので、パラパラめくったときに違和感があります。

書き込みの見つけ方

書き込みの発見は、とにかくよく見るしか手がありません。印刷の色との違い、手書きのライン特有の歪みなどに注意します。

切り取りの場合もそうですが、書き込みも、してありそうな本とそうでもない本との見極めが必要です。学術書や実務書、問題集などはとくに書き込みの確率が高い本ですが、小説に書き込みをする人はまれでしょう。

また、学術書などの書き込みは、最初のほうに集中していることが多いようです。書き込みや線引きを発見したら、その近くにほかの書き込みがないかもよく確認します。

目次などに書き込みがされているケースもあります。目次に印を見つけたら、該当ページをとくに注意して確認します。本全体を読むのではなく、必要な章だけを目次から選んで読む人も多いので、読まれていそうなところを重点的にチェックします。

一冊の本に書き込みがあれば、同じ人が所有するほかの本にも書き込みがある可能性が高くなります。書き込む癖がある人は、どの本にも書き込みをするものです。またそれとは別に、前の所有者がもともと書き込みがある本を古本で買っているケースもあります。

書き込みがされている本は、時間をかけて読まれた本といえるでしょう。普通、つまらない本であれば、深く読み込むことはありません。その意味で、書き込みがされている本は役に立つ本が多いともいえます。そういう本には、何度も触った跡がついています。また、書き込みをするにはページを強く開かなければならないので、たいてい少し開き癖がついています。

慣れてくれば、たくさんある本のなかから、書き込みがしてある本の当該ページを素早く見つけ出せるようになります。お客様の家で買い取る本を査定するときに、自然に書き込み本に手が伸びるようになれば、熟練の古本屋です。

3▼▼▼本の整理

「古本」と、ただの「本」との違いはどこにあるのでしょうか？

例えば、実家の本棚にある祖父が残した本は、「古い本」であるのは確かですが、古本とはいえません。一度誰かが所有したあとに、古本屋に買い取られて、もう一度商品になっている本が古本です。それがまたお客様の本棚に収まったら、もう古本とはいえず、ただの「本」になってしまいます。

もとの所有者から買われて次の所有者の手に渡るまでが、「古本」というものなのです。つまり、本が古本になり、また本へとかえっていく——その手渡しをするのが古本屋の仕事です。

もとの所有者から買い取って、次の所有者に商品として見てもらえるようにすることを、古書店では「本を整理する」といいます。具体的には、本についている汚れを落としてきれいにしたり、揃い物を順に並べたり、透明カバーをかけたりして加工するわけです。

もとの所有者から買ってきた本は、そのままでは商品になりません。まず、汚れがついていれば、それを落とす必要があります。ほとんど汚れがない本もありますが、それでも「汚れていない」ということを確認する必要があります。

ビニールコートされた本のカバーについている汚れは、次の方法でたいてい落とすことができます。まずは固く絞った雑巾で強く拭きます。簡単な埃などであれば、水だけできれいになります。リビングダイニングなどに置かれていた本は油脂が付着している場合がありますが、これも洗剤を含ませた雑巾で落とすことができます。油性マジックやボールペンのインクは消しゴムで落とせます。ただし、ビニールコート自体やその内側の紙が変色している場合はもとには戻りません。

値札などのシールが貼ってある場合は、ベンジンをつけるとはがれます。ベンジンはシールの上から全面に染み込ませて（どぶ漬けといいます）、乾く前にペーパーナイフではぎ取ります。専用のシールはがし液も売っていますが、ベンジンが安価で最も有効です。ただし、揮発しやすいので、素早く作業する必要があります。私の店では、大工道具店などで売っているＡＺ超強力ラベルはがし雷神という液体も使っています。これは溶剤と洗剤を混ぜたもので、シールをはがすだけでなく、頑固な汚れも同時に落とすことができます。

また、目立った汚れがない本でも、書棚に立てておいた本の天には埃がたまっているものです。本の埃は、靴みがきの仕上げ用か、洋服用などの動物の毛を使った軟らかいブラシで丁寧に払うようにします。

上製（ハードカバー）の本は、中身よりも表紙のほうが少しサイズが大きくなっているので、表紙の内側に縁取りしたように汚れが付着している場合があります。触るとザラザラするので、雑巾でぬぐいましょう。

本の小口についた手垢などは、紙の繊維に染み込んでいるので落とすことはできません。紙の裁断面は表面より繊維が露出しているので、汚れが入り込みやすいのです。新古書店ではグラインダーを組み込んだ専用の研磨機を使って汚れを削り取っています。紙やすりなどでも同じことができますが、古書愛好家には不評です。

本の天地・小口などは、中身の紙が露出しています。戦後の本は酸性紙を使っているので、時間がたつと空気中の水分と反応して劣化します。とくに天は埃がたまりやすいので、その埃が水分を含んでより早く劣化し始めます。最初は斑点のようなものができ、次第に天全体が変色して、紙の内側に向かって進んでいきます。

家にある本を見てください。購入後二十年以上経過した本は、ほとんどがある程度劣化し始めているはずです。本を開くと、ページの中心と周辺部では色が違うでしょう。周辺から経年劣化していって、変色が進んでいるのです。温度や湿度の変化が少ないところに置いておけば、本の劣化はある程度、遅らせることができます。ただ、酸性紙を使用している以上、劣化を完全に防ぐことはまず不可能です。

書き込みは消せるケースもあります。しかし、鉛筆で軽く書いたもの以外は、きれいに消し去るのは難しいでしょう。万年筆による書き込みは、塩素系の漂白剤が有効です。赤と透明の二液を使う万年筆用のインク消しもあります。ボールペンは専用のインク消しで消える場合がありますが、たとえ色が消えたとしても、筆跡は溝のように残ります。

鉛筆の書き込みを消す際には、消しゴムを内側から外側に向かって動かします。往復させると、紙にシワが寄ってしまうことがあるからです。細かく消せる電動消しゴムもありますが、油断すると紙を削ってしまいます。私はプラスチック消しゴムでそっとこするのが好きです。もとの所有者が本文ではなく見返しに記名している場合などは、砂消しゴムで消すことができます。こするとインクが広がってしまう印鑑などの場合は、まずセロテープを使ってむだ毛処理テープのように表面をはがしてから砂消しをかけると効果的です。

公共図書館や学校など公共の施設が貸し出した本が、そのまま買い取りの本に交じっていることもあります。これらは返す必要がある本です。本来なら買い取らずにお客様自身に図書館に返却してもらうべきですが、遺品整理で何千冊も片付けるような場合など、その場で確認できないこともあります。買い取ったものを整理しているなかでこうしたものが見つかったら、古書店の責任でもとの施設に送り返すのがマナーといえるでしょう。

4 ▼▼▼古書の市場

ここでは古書を仕入れるうえで、古書の市場がどんなものであるかについて、具体的に述べていきます。

ここでいう「市場」とは、古本屋同士の交換会を指しています。交換といっても物々交換ではなく、実際にはお金でやりとりをします。市場は、古書店が仕入れた品物のうち自分で売らないものを持ち寄って出品し、自分がほしい本を買って帰る場です。

古書組合

古書の市場は古書組合が運営しています。古書組合はだいたい各都道府県に一つずつあります。東京の場合は、東京都古書籍商業協同組合（東京古書組合）がそれで、中小企業等協同組合法に定められている事業協同組合ですが、多くの県の組合が任意団体です。

東京古書組合は、現在の組合員が約六百三十人で、神田（千代田）、本郷（文京）、早稲田（新宿）、東部、南部、北部、中央線の各支部で構成されています。世界最大の古書店街・神田神保町に隣接する神田小川町に八階建てのビルがあり、毎日古書の市場が開かれ、週末には一般向けの展示即売会も開催されています。

全国の古書組合は全国古書籍商組合連合会（全古書連）という団体を作っています。この全古書連に加盟している古書組合の組合員を全古書連加盟店と通称しています。全古書連加盟店であれば、全国どこで開催される市場であっても売り買いできることになっています。

東京などの大規模な組合は組合員も多いので、複数の市場を定期的に開いています。この場合、各市場はある程度固定的なメンバーが毎回主催しています。この主催団体を市会《いちかい》といいます。古書組合に入れば、市場に参加できるようになります。もちろん、古書組合は本屋同士で運営している組織なので、「お客さん」でいることはできません。いろいろな義務も伴います。市会の組織も組合の行政も、すべて組合員が協力しておこなっています。

古書組合に加入するメリットはたくさんありますが、業者同士の市場に参加できることがいちばん大きいでしょう。

市場に参加してできることは二つあります。まず、ほしい分野の本を買うことができ、これによって専門的な品揃えが可能になります。特殊な本を集めようとしても、お客様から直接仕入れるだけでは限界があります。しかし市場に出品される膨大な本のなかには、かなり珍しいものもあります。珍奇な本ほど市場で人気があるので、それがむしろ中心的出品物だといえるでしょう。

次に、お客様から仕入れた品物のうち、自分で扱わない本を出品することができます。これによって、総合的な買い取りが可能になります。お客様はいろいろな本をもっています。定評ある老舗の専門店なら、「この本は買うけれど、あの本はうち向きではない」というように、専門性をアピールするのもいいかもしれません。でもみんながそう言っていたのでは、本を売る側のお客様は、いっぺんに本が処分できないので困ってしまいます。地域の古本屋なら、古書として価値があるかぎり、お客様が売りたい本を一括して引き受けるのがお客様にも親切な対応です。そして仕入れた本のなかで、自分の店向きではないものは市場に出せばいいのです。

市場に参加することによって、どんなジャンルの本であっても、知識とお金さえあれば、満遍なく品揃えすることもできるようになりますし、自分の店では売りにくい本も、お客様から買い取ることができるようになるわけです。

また、インターネット古書検索サイト「日本の古本屋」に参加できるのも、大きなメリットです。これは全国九百店以上の古書店が六百万点の本を出品している強力な古書検索サイトです。

古書市場の基本知識

①市場の特徴

古本屋の市場というと、青果市場のように卸業者がいると誤解されるかもしれませんが、実際には古本屋同士が品物を持ち寄り、自店でいらないものを売って必要なものを買っていく相互交換方式です。正式には「交換会」と呼ばれています。

東京には四カ所の古書会館があり、それぞれで交換会が開かれています。最大の会場は神田にある東京古書会館で、週五日、六回の市場が開かれています。

市場では、高額な本は一冊でも出品されますが、同傾向の本を何冊かまとめて取り引きすることも少なくありません。一冊ではたいした値段にならないので、ある程度まとめて取り引きしようというわけです。こうすることでより価値が出る場合があります。

この場合、数十冊からときには数百冊がひとくくりにされます。たいていは一定の基準で集められているので、それが自分の店の傾向と合致したものであれば（こういう商品を「ムキ」という）、入札対象になります。

短時間で何万冊もの本がやりとりされるので、一冊ずつ評価して積算するにしても、その価格を一瞬で判断できなければなりません。全部調べていたら間に合わないので、本の価値を記憶しておくことが重要です。

②市場利用のメリット、専門性の確保

市場を利用するメリットは、なんといっても一度に大量の仕入れができることです。東京の一般書の市会（中央市会）では、一度に数万冊から十万冊程度の本が出品されるので、初期在庫を数日で調達することも不可能ではありません。

また、さまざまなジャンルの本が出品されているので、特定の分野の本を集めようとしているときにも、市場は非常に頼りになります。一般のお客様からの仕入れであれば、売ってもらえるものについて受動的に価格を判断するだけなので、自分の店にそろえたい本が入手できるとはかぎりません。他方、市場ではほしいものだけを選んで仕入れることができます。しかも、仕入れる分量も調整可能なので、店が品薄のときには積極的に入札し、品物がだぶついているときには取り引きを控えればいいのです。

それぞれの古書店が専門分野をもてるのは、この市場があるおかげといってもいいでしょう。

③交換会の入札方式

古書の市場は、すでに述べたように、正式には交換会といいます。全古書連傘下の古書組合に加盟の業者だけが参加できます。

東京でおこなわれている交換会には、「置き入札」「回し入札」「振り市」の三つのパターンがあります。

置き入札

置き入札では、テーブル状の台の上に載せてある品物を、会員が歩きながら見て回ります。各出品物は入札単位ごとにひもでくくられ、封筒が添えられています。その出品物を買いたい人は、この封筒のなかに自分が買いたい金額と店名を記した紙を折りたたんで入れます（これが入札）。

開札の時間になると、開札担当者（経営員という）が封筒から札を出して、落札者と落札金額を封筒に記します。多くの市会では、「発声《はっせい》」といって、それぞれの落札情報を読み上げて発表します。東京古書会館の地下で即売会が開かれている際など、書名と金額・書店名を独特の口調で読み上げる声が、外まで聞こえてくることがあります。館内放送システムの不具合で発生の声が外に漏れ出てしまっているのです。

東京でおこなわれている通常の市では、二千円が最低の入札金額です。金額は例えば「三千五百円・四千円」というように、二つ書くことができます。ほかの人の金額が三千五百円未満なら、三千五百円で落札、三千五百円以上四千円未満なら、四千円で落札します。二つの金額をそれぞれ、上札《うわふだ》、下札《したふだ》といいます。上札と下札の間にほかの人の金額が入っていれば上札で、下札より安ければ下札で落ちます。まったく同じ金額の入札があれば、「ツキ」といって、抽選で落札者を決めます。

入札金額が一万円を超えていれば、金額は例えば「一万五千円・二万円・二万五千円」というように、三つ書くことができます。ただし、「九千五百円・一万五百円」というように、下の金額が一万円に満たない場合は二つしか書くことができません。一枚の紙に三つの値を書くのを「三枚札」と呼び、それぞれの金額を「下札」「中札《なかふだ》」「上札」といいます。

十万円以上は「四枚札」、五十万円以上は「五枚札」、百万円以上は「六枚札」です。「例の本を四枚札で落札した」と言ったら、「十万以上したよ」という意味になります。

入札金額には普通端数をつけます。これを「ヒゲ」といいます。ヒゲは十円単位までで、例えば「二万四千六百二十円対二万四千六百六十円」のように、ほとんど同じ金額で端数の勝負になった場合は、「ヒゲの差で勝った」などと言います。

それぞれの札の金額にどのくらいの差をつけるかは、場合によって異なります。相場がはっきりした品物は比較的、金額の幅が狭くなるでしょう。他方、珍しい出物でも売るのが難しいような場合は、上下で数倍の差がつくこともよくあります。

例えば、ほかに入札者が出ないようなときは、下札をうんと安めに入れます。それで落ちればラッキーだからです。しかし、ある分野の本については、相場を維持しておきたい場合もあります。常に一定の相場を保って、出品する人に安心して出品してもらいたいわけです。そうすることで、市場にその分野の品物が出やすくなるのです。そこをねらう場合は、ほかに入札者がいないようなときでも、下札を上札に近づけて書いておきます。

逆に、上札をとても高くする場合もあります。これを「ヤラズの札」といいます。たとえ自分のもうけがなくなったとしても、この品物を扱うのは自分でなければならない。どうしてもほしい――もっというと、「ほかの店には扱わせないぞ」という強い意志を込めた札のことです。

回し入札

回し入札は明治以前の古典籍を扱う「東京古典会」でだけ実施されています。テーブルをロの字型に置いて、入札する人は座って待ちます。お盆の上に載せた本が回ってきて、見終わったら次の人に回します。一周したら終わりです。

封筒に入札する点では置き入札と同じですが、一つ一つの品物をじっくり見られる方法です。ただし、重量のあるものや嵩のある本は回せないので、軽い和本などを扱う市場でしか実施できません。また、座ったままできるので高齢の業者には楽な方法です。

振り市

振りは声を出すオークションです。神田の東京古書会館では模擬的におこなわれている程度ですが、神田以外の三つの地区会館ではいまでも主要な方法になっています。

品物は出品者ごとに山にされていて、ここから少しずつ切り出して、床に敷いた板の前に座った「振り手」に渡されます。振り手が書名や特徴を読み上げて、「こーれー が五百円」と最初の金額(ハナゴエ)を出すと、買い手が振り手を囲むように車座に座って、「千円!」「千五百円!」と威勢よく声を出します。スピードが速くて初心者はタイミングを合わせるのが難しいでしょう。声が止まると、振り手は落札者に品物を滑らせるように投げて寄こします。同時に、記録担当者が金額と店名を書き留めていきます(この帳面を「山帳《やまちょう》」といいます)。

品物の組み合わせは、振り手の横で荷出しする人が決めます。どの本とどの本を一緒にするか、また、出す順番などは全部、荷出しする人と振り手とのあうんの呼吸がものをいうので、ここがいちばんの要になります。かつては、このときの助手を務めるのが新参書店の修業になりました。また、振り手の声の出し方次第で品物の魅力が良くも悪くも増減するので、値段をより高くするのは振り手の技になります。山帳をつける人には当然のことながら、正確さと俊敏さが要求されます。他の人の声を聞いていれば、相場を知らなくてもその金額に上乗せして買うことができます。その点では、初心者に優しい方法です。

④いい市場の条件

新規に組合に加入した人は、安く買える市場がいい市場だと勘違いする傾向がありますが、実際は違います。開店当初は品物が足りない場合が多いでしょうから、出すより買うのが中心になるので、そう思われるのも当然かもしれません。しかし、品物が高くなるところには出品者が増えることを覚えておきましょう。

つまり、いい市場とは「高くなる市場」なのです。市会の運営者も、少しでも値が高くなるように気を配っています。

古書の市場では、まず出品されなければにぎわわないので売り手が重視されるのです。

東京古書会館の市会

東京古書会館（神田）では、平日は毎日交換会（市場）がおこなわれています。

月曜日：中央市会

一般書の市会。マンガ、文庫から学術書まで、広い分野の本が扱われています。最近ではサブカルチャー関係のプレミアもの、一九七〇年代の雑誌なども活発に取り引きされています。

火曜日：東京古典会
おもに古典籍から明治初期以前の和本を扱う市。回し入札を中心におこなっています。秋におこなわれる大市では、一般客が入場できる下見展観があり、古書店を通して入札できます。

火曜日：東京洋書会
洋書の市会。十五世紀のインキュナブラから最近の海外文学研究まで。

水曜日：東京資料会
学術雑誌、地方史、社史類、行政資料など、資料ものを扱う市会。文京支部の市会が源流です。学術書や一般書、美術書も出品されています。

木曜日：一新会
神田の支部市で、学術書を中心に扱う市会。神田の老舗の力を背景に、地方からの出品も多数あります。

金曜日：明治古典会（明古）

明治から最近までの初版本や限定版、版画刷りもの、書画、肉筆もの、原稿など、コレクターズアイテムの市会。明古の大市会「七夕大市」は東京古典会の大市と並んで業界最大規模の大市で、一般客が下見会場に入り、古書店を通して入札できるようになっています。

神田で交換会をもつ市会は毎年一度、「大市」をおこなっています。大市はほかに全古書連主催のものがあり、隔年で東京古書組合が担当しています。大市には全国から業者が集まりますが、時間と経費がかかります。流通が活発になり、普段の市場でも遠方からの参加者が多くなっているので、開催する意義を見直すべきだという声も出ています。

5▼▼▼相場と駆け引き

市場の値段が相場を作る

市場に参加すれば、相場を知ることができます。古本屋として市場に出入りして、本の相場の勉強をするのは基本中の基本です。どの本がどんな値段で取り引きされているかを知るのは、とても勉強になります。

「古書相場」という言葉を聞いたことがあるでしょう。お客様の間で使われるときは、いわば業界のプライスリーダーである専門店の売り値を指していることが多いようです。

しかし、業者間で言う相場はそれとは違い、市場での標準的な落札価格を意味しています。個々の店の売り値は、その店の考え方によって高めだったり安めだったり、あるいは十年前と同じ値段のままだったり、けっこう恣意的な側面がありますが、市場の値段は「公共的」なものです。市場ではトレンドが敏感に反映されるのです。

専門店の場合、売れなくなったからといって、急に値下げするのはまずい面も出てきます。特定の顧客と長く付き合うことが多いので、売価にもある程度責任をもたなければならないからです。そこでどうするかというと、売り値は同じままに据え置いて、仕入れのほうで調整するのです。品物がだぶついたら、市場で入札しなければいいのです。そうなれば、「相場」は簡単に落ちてしまいます。もっとも、かつての専門店は相場を維持するために買い支えをしていましたが、いまは、そうしたことも少なくなっています。

お客様から買い取りをする場合も、市場の値段を基準にします。要は相場以下の値で買っておけば、少なくとも損をすることはありません。

市場利用はプロ同士の駆け引き

市場では高く入札すれば、誰でも仕入れることができます。逆にいえば、ほかの人より高く入札しなければ、何も買えないわけです。つまり、最も高い値段で仕入れることになります。

出品者もまた百戦錬磨の古書業者です。ぼやぼやしていると、売れ残りを高値でつかまされることもあるでしょう。市場には「自店でいらないもの」を出品することが多いからです。自店での販売に向かない分野の本か、そうでなければ重複した本、または長期間売れなかった本を持ち寄っているのです。誰もが簡単に商売になる売れ筋の本は、そう簡単に出てくると思わないほうがいいでしょう。

ですから市場に出ている本は、大半が「安いもの」か「売りにくいもの」だと考えるべきです。もちろん、なかには魅力的な品物もあることはあります。けれど珍奇な本であれば、売るほうにもテクニックが必要です。自分が普段あまり扱ったことがない分野の本を、売るのは簡単ではありません。

市場に来る業者のなかには、お客様からの買い取りが常に過剰になっていて、自店で販売を試みることなくいきなり市場に出すようなケースもみられます。そうした、お客様から直接買い取ったばかりの品物を、市場では「ウブ荷」と呼びます。もっとも、こうした〝オイシイ品物〟は誰もがほしがるので、経験が浅い人はそう簡単には落札させてもらえないと覚悟しておいたほうがいいでしょう。

市場の出来高と店の売り上げ

東京古書組合の市場では、年間数十億円程度の出来高があります。市場の値段の二倍くらいが売価だとすると、全部で売価総額は百億円未満です。これを東京の六百の業者で分けると、一業者あたり一千万円ぐらいになります。

売り上げの何割が利益になるかは店によってかなり違うでしょうが、仮に二割とすれば二百万円、三割なら三百万円が店の収入になります。東京の市場には地方の組合員も来ますし、東京の業者が他県の市場に買いにいくこともあるので、実際にはこれほど単純な計算にはならないとしても、おおよそのところでは間違っていないはずです。

つまり何が言いたいかというと、平均的な業者は、市場で仕入れをしているだけでは十分な売り上げを確保できないということです。

もちろん、すべての業者が平等に売り買いをしているわけではなく、なかには市場でたくさん仕入れてバリバリ売る強力な店もあります。しかしその一方で、市場でほとんど買うことがない業者も出てくるのです。力がない業者は入れ替わりも早く、一方で強力な業者はなかなかその席を明け渡しません。それだけに、新規参入する業者が市場で買い頭になるまでには、狭くて険しい道が待っていることを覚悟しなければなりません。

出品する側の利益

市場で仮に三十億円の出来高があるとすれば、その相当分を出品している業者が存在していることになります。

仕入れの二倍程度で落札され、出来高の半額が粗利益になっていると考えると、十五億円が利益分で、一業者あたり約二百五十万円の粗利益があることになります。仕入れ側の諸経費の計算は非常に難しいのですが、仮に五〇%とすれば、店主の収入は百二十五万円となります。これに店の売り上げ分の利益二百万円から三百万円を合わせると、なんとか生活が成り立っていける金額でしょうか。とはいえ、これはまだかなり甘い計算です。

まず、先に述べたように、仕入れの原価計算はたいへん難しいのです。その理由として、市場に出ている品物がいろいろなルートをたどっているということがあります。お客様の家から仕入れてきたものをそのまま市場に出せるなら、話は簡単です。お客様に支払った代金のほかには、運送費や仕分けの手間賃ぐらいしかかかっていません（もっとも、〝ぐらい〟といっても、それだけでけっこうな比率になっていることが多いものです）。

しかし、実際には、市場に出すよりも自分の店で売るほうがもうけが多いので、普通はまず、店での販売を試みます。そのうえで、売れ残ったものを市場に出すケースが多くなるでしょう。つまり一冊の本には、仕入れてから相当の期間、店に置いておいた分の家賃やクリーニングの手間賃、さらには値段を決めて何らかの売り場に出品するまでの管理費などがかかっています。しかも出品するのは、売れ残ってしまった本です。そんな本が市場で高く売れるとは思えません。

このように、売れ残りの本を市場に出すのは、きわめて効率が悪いのです。だからといってそのままでは不良在庫になるだけです。最終的に破棄するくらいなら、わずかでもお金に換えたほうがいいので、出品するわけです。

お客様から仕入れた本をいきなり市場に出すのは、自分では不得意な分野の本や、一度に大量に仕入れすぎて一人ではさばききれない場合などです。そういう仕入れは例外的なもので、当店でも、いきなり市場へという本は、金額にして仕入れ全体の一割未満です。

第4章　古本屋の経営

さて、いよいよ古本屋の経営についてです。つまり、先に挙げた古本屋に必要な知識・技術のうち、「③古本屋の経営」に該当する部分です。

古本屋の経営といっても、ほかの実業と大差があるわけではありません。本を扱うことの特殊性といったものは、実はごくわずかです。経営一般に関する素地があれば、何も難しいことはありません。会計関連（帳簿つけではなく、経営を数字でみることができればいい）の入門書を二、三冊読めば十分でしょう。

大事なのは、どのような経営をしていくのか――という視点を常にもつことです。そうでないと、経営の成り立たない店になってしまうおそれがあります。本好きの人は文学書や人文書を重視する傾向がある半面、ビジネス書などは軽くみがちです。しかし、学芸書に内容が薄いものと濃いものがあるのと同じで、経営に関する本にも優れたものがあります。いままで経営には興味がもてなかったという人も、商売で扱える分野を広げる練習だと思って、あまたあるビジネス書のなかから、これと思うものを選んで勉強してください。

1 経営から見たプロの古書店

いまや、セミプロのセドラーがたくさん出てきている時代です。そのなかでプロとしての古書店を目指すのであれば、経営というものをきちんと理解しておかなければ、長く商売を続けることはできません。そのためにも、まずは数字で考える癖をつけておくことが必須条件になります。

では、プロの古書店とは、どのように定義できるのでしょうか。私が考えるプロの古書店の定義を、ここでは二つの側面から述べてみたいと思います。

まず第一に、労働力の再生産が可能な収入、すなわち家族を養える収入があることです。古本屋はもうからない商売だといわれますが、プロであれば、結婚して住宅ローンを組んで、二、三人の子どもを大学に進学させられる程度の収入があることが、職業として成立する条件になると思います。

第二に、古書の評価に関して、ほかのまねではない、独自の値付けができることです。現代社会は情報が行き渡っているので、ちょっとネットを検索すればたいていの本の売り値がわかります。珍しい古書の価格にも相場があります。

そうしたなかで、主観だけで値付けをするでもなく、客観的なシステムにのっとって自動的に値を決めるのでもなく、自ら付けた値段の根拠を説明できるかどうかが、プロたるゆえんではないかと思います。誰も評価していない本に新たな価値を発見するのも古本屋の仕事です。古本屋を長く続けるなら、そういう分野の一つや二つはもっていたいものです。

自営業の収支

給与所得者の場合、年収四百万円前後あれば、まあまあやっていけるのではないでしょうか。しかし、自営業者にとっては少し事情が違います。

まず、自営業はたいてい借金を抱えています。開店前にある程度の設備投資をしているからです。こうした借金の返済は経費にならないので、収入のなかからまかなっていかなければなりません。開店のときの借金は五年から八年程度で返済がすむとしても、それで終わりではありません。その頃には、最初にそろえた本棚なども老朽化してきています。それに古書店といえどもときどきは改装などもしなければ、古くさい店になってしまいます。多少なりとも店のリニューアルをはかっていくために、また借金をすることになるでしょう。こうして、借金の返済がいつまでも続くことになるのです。

サラリーマンと違い、雇用保険のような保障もありません。病気になって働けなくなれば、収入は途絶えてしまいます。退職金もなく、国民年金だけでは老後の保障はないも同然です。働けるうちに、多くはない収入をやりくりして民間の保険に加入したり、貯蓄していかなければならないのです。

また、ちょっとした商談にも喫茶店などを利用することになるので、その分、経費がかかります。

福利厚生施設もないので、体調を維持するためには、自分でお金を払ってスポーツジムに入会したり、人間ドックに入ったりする必要もあるでしょう。

給与所得者の場合、「給料がもらえない」のが最悪の事態だとすると、自営業ではさらに「赤字」ということがありえます。無収入どころか、収入より支出のほうが多い場合もあるわけです。

さらに、商売には運転資金がかかります。運転資金とは、仕入れてから販売するまでのつなぎのお金のことです。その間、資金の一部は商品になっています。これは資産ともいえますが、使うことはできない資産です。

そして、大きな商売をするときほど、多額の運転資金が必要になります。多くの場合、銀行などから借りることになりますが、リスクを伴うため、抵当を要求される場合も多いようです。多くの経営者が自宅や親の家まで抵当に入れて商売を続けています。

自営業者には将来の保障は何もありません。あるのはリスクだけです。ですから、収入が見込まれるときには、少しでも多めに利益を出すようにして、自ら備えておく必要があります。

経営規模と経験の蓄積

ある程度の規模があってはじめて、流通にかかるコストを下げていくことができます。例えば、宅配便を使って通販をするにしても、月に百個しか出さないようであれば、運賃は規定料金ですが、千個になれば、交渉次第で割り引きしてもらうことも可能です。

また、出張買い取りの要請がたくさんあっても、交通費や人件費として、少なく見積もっても一回あたり数千円の経費がかかります。ある程度の冊数がなければ、費用対効果の点で見合わなくなってしまいます。そこで、数百冊以上なら出張しますという話になるわけですが、大量の本を買い取るためには、それ相応の器を用意しておかなければなりません。これも経費がかかります。

さらに、本に関する知識をいくら豊富にもっていたとしても、実際の現場で経験を積んでいかなければ、それを生かすことはできません。やってみてはじめてわかることも多いはずです。ともかく現場で経験を積むこと以外、プロへの道は開かれないと覚悟を決めることです。

理想の古本屋を想像する

では、開業のための具体的な手順を考えていきましょう。

古本屋を開業しようと思ったら、まず経営計画を立てることから始めます。経営計画は、数字で全体を把握するためにも、ぜひとも必要です。

商売を始めようとするとき、手元の資金から考える人がいますが、ここでは開業資金のことはとりあえず置いておいて、まずは商売が軌道に乗ったとき、自分はどのような経営をしているかを想像してみましょう。

その場合、なるべく具体的に想像するようにします。

まず、商品である本はどこにどのように置いてあるのか、それはどんな本なのか、本棚のデザインや、そこにどんな判型や装丁の本を置くかなど、イメージを絵や図面に書いてみるといいでしょう。

次に、どんな本を、どのように入手して、誰に向かって売るのかが大事なポイントになります。そして、それは店頭売りにするのか、あるいは、自社サイトを運営してネットを通じた販売にするのでしょうか。同じネットでも、「ヤフオク！」などのネットオークションに出品するというのであれば、やり方は異なります。紙の目録を作って顧客に送るという方法もありますし、デパートでの即売会や「古本まつり」などのイベントを中心に商売をすることもできます。

では、あなたの店には毎日、何人くらいのお客様が来店するでしょうか。そのうち、実際に本を買っていく人は何割くらいで、そのお客様の性別や年齢は？　中年の男性が多いでしょうか、若い女性が多いでしょうか……。

また、ネット販売にする場合、注文の受け方はどのようにしますか？　ウェブサイト、オークション、検索サイトなど、やり方によって、それぞれ商品登録の仕方は異なります。本の写真（書影）が必要なら、撮影もしなければなりません。

さらに、注文を受けた本は当然、梱包して発送するわけですが、その際、どのような材料を使いますか？　梱包するためのスペースは机一つで十分ですか？　発送手段には、何を利用しますか？　一日何個までなら梱包できるでしょうか？

古本屋になったあなたは、毎日何時に起きて、どんなふうに仕事をしているでしょうか。頭に思い描いた像が、あなたの理想の古本屋です。

紙の目録やウェブサイトを作って売るのは、店のアイデンティティーを大事にする専門店もしくは個性派タイプの店です。

それに対して、「Amazonマーケットプレイス」や「ヤフオク！」といったネットオークションを利用するのは、共同開催の「古本まつり」など、即売会に出品するのと近い売り方になります。

またこれらとは別に、一般のお客様向けの販売ではなく、ほかの業者への卸売りを主にする、仕入れ専門店もあります。

量の問題

売り方と扱う本のテイストが決まったら、次に量的な問題を考えましょう。質の思考が理想だとすれば、量的な思考は現実です。

一冊の平均単価はどのくらいで、それを一カ月に何冊売るのか。ここでは自分が必要とする収入と相談しながら計算していきます。家族構成やライフステージによって金額の幅が出てくるでしょうが、例えば、サラリーマンの平均的な年収である四百万円を確保するには、一カ月あたり約三十三万円の収入がなければなりません。古本屋でそんなサラリーマン並みの収入が確保できるのかと疑問に思う人もいるかもしれませんが、もちろん古本屋でも家族で暮らせます。家だって建てられます。

平均単価と売上冊数、一カ月あたりの収入

当店では、昨今の店頭売り上げの平均単価は五百円前後です。雑本や雑書といわれるものを中心に扱うとすれば、まずほとんどが平均千円未満の単価になるでしょう。

家賃など売り場を確保するために必要な経費は売り上げの二割から三割、仕入れが三割、消耗品や光熱費、宣伝費などが一割から二割、人件費が一割から二割だとすると、手元に残るのは二割程度です。

売り上げの二割が利益として自分の手元に残るとして、一カ月に三十三万円の収入がほしいのであれば、百六十五万円分の本を売らなければなりません。定休日は週に一日で、毎月の営業日を二十五日とすると、一日六万六千円、平均五百円の本を毎日百三十二冊売っていく必要があります。

「自分は欲がないから、そんなに多くの収入はいらない」という人もまれにいますが、二十五日間働いて収入が三十三万円であれば、日給にして一万三千二百円です。八時間労働に換算すると、時給千六百五十円。時給としては悪くないかもしれませんが、しかしこれはアルバイトではなくて、本業なのです。

企業に雇用されていれば、ある程度は会社に守ってもらえますが、自営業者はそうはいきません。会社員なら、万引きされても、店が火事になったとしても、給料は出るでしょう。産休や育休もあり、病気で長期間休んだとしても、ある程度、給料は保障されます。雇用保険もついています。けれども自営業では、こうしたものはなにもありません。全部、自前で用意しなければなりません。

病気になって店を休むことにでもなれば、収入がなくなるどころではありません。店を維持していくには固定費がかかります。家賃や光熱費、従業員の給料なども変わらずまかなわなければならないのです。

一生続けられる仕事は、一般論として家族を作って、子どもが同じ職業につけるだけの収入を上げる必要があります。実際に世代を超えた継承があるかどうかは別にして、そうでなければ、職業として長続きさせることは難しいのではないでしょうか。

店売りの計算と店の規模

話をもとに戻しましょう。売り上げの二割で年収四百万円を確保するためには、年間約二千万円の売り上げを見込まなければなりません。つまり、毎月百七十万円弱の売り上げが必要なのです。一冊の平均単価が仮に千円だとすれば、毎月千七百冊売らなければなりません。一カ月に売れる冊数が在庫の一割とすると、一万七千冊の在庫が必要です。

一般的な古書店では、一坪あたり千冊は陳列できます。一万七千冊を並べるためには十七坪が必要で、それに店員のためのスペースとして三坪をプラスして、二十坪の広さは確保したいところです。

二十坪というのは、イメージとして平均的なコンビニエンスストアの半分ほどの広さで、これは一般的な古書店としては広い部類です。

店の立地や地域にもよりますが、店としてやっていける条件がそろっている立地の場合、家賃の坪あたりの単価は平均一万円から二万円程度です。ですから、店の家賃だけで二十万円から四十万円はみなければならないでしょう。

全体を数字で捉えるのが商売の第一歩

もっとも、世の中では計算どおりにうまくいくことはほとんどありません。しかも失敗するほうは、たいてい計算どおりになるのが世の常です。

それでも、経営を数字でシミュレートしておくことは必須です。時間や手間の点から考えて一般的には無理なことも、自分なら実現できるなどと考えるのは危険ですが、まったく何も考えていないのはもっと危険です。

よくある例として、開店資金が少ないからという理由で、郊外の裏通りで五坪の店を始める人がいます。流行のセレクトショップスタイルで、店の真ん中には棚ではなくダイニングセットが置いてあります。確かにおしゃれな雰囲気の店にはなりますが、残念ながら、この店の経営は成り立たないでしょう。少なくとも店売りを重視するかぎりは無理です。

一坪あたり千冊として五坪なら五千冊ですが、店員が立っている場所も必要なので、実際にはもっと少なくなります。しかもこの店の場合、中央に置いたダイニングセットが場所をとっているので、実際には三千冊しか並べることができません。

さて雑本を扱う場合、商品単価は五百円前後です。月収三十万円にするためには、月に百五十万円の売り上げが必要ですし、店を維持するには最低でも百万円は売り上げなくてはなりません。週一日定休で二十五日営業とすると、一日六万円の売り上げが必要になります。つまり、五百円の本を一日百二十冊、一カ月三千冊売らなければならないのです。

この三千冊は店に並んでいるすべての本に相当しますし、やや少なめに二千五百冊と見積もっても、全体の八三%になります。そんなに売れる古本屋はまずありえないというのが、長年この商売をやっている私の率直な意見です。

例えば、私が営んでいるよみた屋では、店頭に並べている本は約六万冊。一カ月の店頭売りは六千冊で、ほぼ一割程度です。そのほかに通信販売などで売れる分が多少ありますが、冊数にすれば店売りにははるかに及びません。それでも、同業者のなかでは回転がいいほうだと思います。古本屋という商売は商品である本を一年、二年という期間をかけてゆっくり売っていく商売なのです。

ではこの一割という数字を、前出の三千冊の店に当てはめて考えてみましょう。月に三百冊、一日十二冊売る計算になりますが、これで一日六万円の売り上げを確保するには、一冊の平均単価は四千円を超えます。そんな本を毎月三百冊もコンスタントに確保することが、現実問題としてはたして可能でしょうか。そもそも、そうした高価な本を買うお客様が、家賃相場が低い裏通りの店に来てくれるのかも疑問です。

もちろん工夫次第で、在庫の回転率をもっと高めることはできるでしょう。高価な本も上手に売れば売れるかもしれません。しかし、それにも限度というものがあります。そうした特殊な商売の仕方をねらうのであれば、出店する場所もそれにふさわしいところでなければ、うまくはいかないと思います。

回転率を上げる

雑本の店頭販売では単価が安い本が中心になります。この場合、店番が一人で毎日数百冊を売ることも可能です。そこで次に考えるのは、ともかく回転率を上げることです。

店頭売りでは通販の場合と違って、なかなか売れないものは置けません。魅力的な本を多くして売れにくい本は棚から抜き、値段が高くても動きが悪い本は置かないようにするのです。そうすれば当初の想定よりも店舗がある程度狭くとも、経営はスムーズにいくでしょう。

ただし、営業時間中には必ず店番がいなければなりません。場合によっては人を雇う必要も出てきます。

通販で開業する場合

店頭売りではなく通販で商売をするつもりなら、在庫を保存する倉庫のスペースは店舗の半分くらいでもかまわないでしょう。けれども本を取り出したり補充したりする際の効率を考えると、あまり詰め込みすぎはよくありません。ただし倉庫は街中に置く必要がないので、家賃はかなり低く抑えることができます。

「店売りの計算と店の規模」では、一冊の平均単価を千円に想定しましたが、雑本を店頭で売る際には、そこまでの値段にはならない場合がほとんどです。店頭での平均単価千円は、かなり専門的にジャンルを絞り、価格以上の付加価値をつけて、はじめて可能になる価格です。

では、通販のほうが楽に商売ができるかというと、そんなことはありません。通販では、梱包や発送、代金回収に、案外とコストがかかるからです。

仮に週休二日を確保し、一カ月に二十日間働くとして、月収三十万円以上を確保するには、千円の本で一日八十五冊の受注が必要です。これだけの本を毎日、受注―梱包―発送するには、一点三分で作業をこなしても四時間以上かかります。仕事はもちろんそれだけではなく、代金の回収や仕入れ、出品もあります。一人でやる労働としては、かなりハードなものだといえるでしょう。

①単価を上げる

そこで、商品を工夫して単価を上げることを考えてみましょう。

家賃が安い倉庫を利用するなら、多少売れ行きが悪くとも売れたときの利益が大きいので、単価が高い本を多く扱うのが有利です。商品登録や受注・発注の手間は同じだからです。

ただし、請け負う送料を実費より高くして利益を出そうというのであれば、とにかく大量に送るのがメリットになる場合もあります。

決済方法や注文の仕組みをシステム化して手間を軽減する、運送業者と交渉して送料を浮かす——などの改善策も考えられます。

②ターゲットを絞る

例えば、医学書を中心に扱っていきたいとします。それもほかの古書店が比較的よく扱う医学史などではなく、先端の医学研究書です。ターゲットとする買い手は、専門分野を決めて日が浅くて若い臨床医や、大学病院などに勤務している医療関係者になります。

医学書は商売をするうえでいい分野です。読者対象が狭く、大部数が望めるジャンルではないので、もとの定価自体が高く設定されています。それに何より、本を読むことによって得られる利益がはっきりしています。だから買い手は高い本であっても、買う動機が十分にあります。

また、ここで想定している買い手の年齢はまだ若いので、それほど収入も多くはないはずです。同じ本がほかで少しでも安く売っていれば、安いほうを選びます。ただし多忙であることはまちがいないので、買うのは店頭ではなくてネットになります。このようなことから、医学書を売るなら、ネット通販が向いていると考えられます。

最新の医学書の場合、ライバルになる業者も少ないでしょうから、検索サイトでほかの古本屋と同時に表示されるような環境であっても、それほど問題はありません。平均単価も数千円以上が見込めます。

ただし、難点もあります。医学書は仕入れがなかなかできないことです。知り合いに医学書の書評などを仕事にしている人がいれば、贈呈本を払い下げてもらうなどするといいでしょう。

このように扱う本の性質や単価の高低によって、それにふさわしい売り方は異なります。店舗販売、ネット通販、「古本まつり」などの即売会、紙の目録、業者同士の市場などさまざまな売り方を組み合わせて、自分の店のスタイルを築いていくといいでしょう。

事業には最適な経営規模があります。元手となる資金が不足していて、思うような規模で店をスタートできなかったとしても、事業を維持できるだけの最低限の規模を考えておかないと、店としては採算がとれているはずでも、自分の生活費がまかなえないなどということにもなりかねません。

しかしながらこうした経営計画は、実はいくら詳細に考えたところで、実際のところ思惑どおりにいくことは非常にまれです。ほとんどの場合は想定とは違う事態が起こり、計画の変更を余儀なくされます。

　では、そもそも計画を立てること自体がムダかというと、そんなことは決してありません。よく考えられたプランをあとで修正するのと、何でも行き当たりばったりでいくのとでは、まったく違った結果になるのは明らかです。想定外の事態が起こったとしても、当初にしっかりとした経営計画があれば、それを修正した場合でも、どんな変化が起こるかある程度予測できるからです。

2▼▼▼古本屋は物販業

　古本屋は物販業の一種、物販とは品物を仕入れて販売する小売店（消費者に販売する店）のことです。古本屋というと特殊な店のように思われがちですが、経営に関しては物販の一般的なセオリーが十分通用します。

重要なのは立地

　最も重要なポイントはどんな場所に店を構えるか、つまり立地です。俗に「立地八割」といいます。立地で商売の成績は八割方決まってしまうという意味です。

　まずどこに店を構えるか、立地選びが開店準備の第一歩になります。内装や品揃えに関しては、経営者の技術とセンスであとからいくらでも工夫することができます。しかし立地には工夫の余地がありません。また、店を借りる際に不動産屋に支払うお金は、開業資金の大部分を占めるほど高額です。したがって、決して妥協することなく、場所選びは慎重すぎるくらい慎重におこないたいところです。

ではどんな場所に出店するのが、「売れる」店にするための条件になるのでしょうか。それにはまず、隣の店の様子を見てみましょう。

出店を考えている場所の隣の店は繁盛しているようですか？　もし隣の店がまったく売れていないようだったら、あなたの店だけにお客様がたくさん来て、商売がうまくいくなどということは、まずありえません。また、隣もなければ、その周辺にほかの店がまったくないようなところは絶対にダメです。両側に商店、それもできれば物販の店があるところに開きましょう。

商業地に関する不動産の相場は、「その土地でどのくらいの利益が上げられるか」が基本になっています。

商売をするにあたって賃貸物件を店舗にする場合、賃貸料は、テナントがギリギリやっていけるくらいに設定されていることがほとんどです。

ということは、家賃が安いところは売り上げもあまり期待できない場所だと思ったほうがいいわけです。「不動産に掘り出し物はない」と心得ておいたほうがいいでしょう。周辺に店がなかったり、あってもすでにさびれている店ばかりのようなところは、誰がやっても商売が成り立たない場所です。

昨今はいろいろな業種のチェーン店などが、常に空き店舗を探しています。商売が可能な物件にはほとんどの場合、先約者が入居しています。有利な物件を探すには、時間をかけるほかないでしょう。

不動産屋との付き合いは、まず信頼できそうな営業マンを見つけたら、広さや立地、家賃などの条件を伝えて、何度も通って顔見知りになることです。物件紹介のファクスが送られてきたら、希望にそぐわない場合でも無視せず、どこがダメな点なのかを説明しましょう。そうすることで、こちらの意図や本気度が伝わり、相手も真剣に探してくれるようになります。

不動産屋で募集案内図面（マイソク）を見せてもらったら、その図面の下のほうに書いてある会社名をチェックします。それが家主から依頼を受けている不動産会社です。「専任媒介」と記されていれば、家主はその業者だけに仲介を依頼していることがわかります。

入居後はその不動産屋と付き合うことになります。物件を紹介する会社はテナントから仲介手数料をとりますが、家主側の不動産会社は家主から手数料をもらっています。

いい条件の店舗はすぐに決まってしまいます。店を開きたい街の目星がついたら、その地域の有力な不動産屋に通って、空き物件が出たら連絡をもらえるように頼んでおきましょう。自分の足で探しているときに、偶然に閉店の貼り紙を見つけることもあります。その場合は、管理している業者を聞いてみるといいでしょう。

古書店に向いた立地

いい土地というのは、土地そのものがいいのではありません。周りに何があるかによって、土地の意味が決まります。普通の物販では、集客力に限界があるので、集団でお客様を呼ぼうということです。周辺の商店を見てください。

古書店も物販の一種なので、先に述べたように、隣に小売店があって繁盛しているような場所がいい条件です。

では、古書店ならではの「いい立地」というのはあるでしょうか。

まず、ほかの業種の店には向いてないが、古書店にだけは向いている場所などというのはありません。ただ、それに一点、付け加えるとしたら、古書店は本を売るだけではなく、本の買い取りもする店なので、買い取りに向いた場所というのはあります。

普通の小売店は、よほどの大型店でないかぎり、徒歩で来るお客様を相手に商売をしています。車での来店が主になるのは、郊外のスーパーマーケットやショッピングセンターなどの大型店舗だけです。しかし、本を売りにくるお客様は、小さな古書店を訪れる場合でも、しばしば車でやってきます。大量の本を手で持ってくるのはたいへんなので、車に積んで運んでくるのです。したがって、車が進入しやすく、店の前に停めて本の積み降ろしができるくらいの余裕がある場所が、店の立地としてもいいでしょう。

通常、たくさんの人が利用する鉄道の駅に近いほど、商売には有利とされています。けれども、家にある本を売りにくるようなお客様は、駅からではなく家から直接来店します。そのことを考慮すると、駅から住宅街に向かって続いている商店街のはずれ、商店街と住宅街の境目あたりが、来訪しやすい立地になります。

客層を考える

見込みがありそうな物件を紹介されたら、内見といって、業者の立ち会いのもとに物件の内部を見ることができます。何度も内見するのは手間がかかるので、このときには必ずメジャーと方眼紙とカメラを持っていくようにします。募集案内図面にも簡単な平面図が載っていますが、不正確なことも多いので、柱の出っ張りなどを含めて、内部の寸法を自分で書き取っておきましょう。こうすることによって、店にしたときのイメージがよりはっきりしてきます。

また、内見する際は業者に同行を頼まなければなりませんが、物件の外に立って人の流れをチェックするのなら、自分一人でも勝手にできます。一時間に何人ぐらいの人が店の前を通るのか、その人たちの年齢や性別も含めて記録をとります。曜日や時間帯によっても変化するので、何度も見にいくことを勧めます。

その際、店の前を通る人の人物像も、よく確認しておきましょう。駅を使ってその街にある学校や会社などに通ってくる人が多いのか、それとも地元の人が多いのかは、とくに重要な点です。駅から来る人は、本の持ち込み客としてはあまり期待できません。ただし、デパートなどの商業施設がある街では、買い物のために遠方から来る人もたくさんいます。その人たちは、重要な顧客になる可能性がある人たちです。

さらに、自分の店にやってくる客層としてどんな人たちを想定しているのか、しっかり考えておくことが肝要です。なるべく具体的な顧客像をいくつか作っておくと、実際に店の前を通る通行人がその顧客像に合致しているかどうか、判断しやすくなります。

出店する街の選び方

店舗を構えるなら駅に近いこと、両隣に繁盛している店があること。地元の人を相手に商売をするなら、商店街と住宅街の境目あたりの立地で、車で本を持ち込んでくるお客様のために店の前に車を停めるスペースもあったほうがいいなど、いろいろ条件が具体的になってきました。

いままでの話は、街のなかでどんな場所に店を作るかということです。最後に、どんな街に出店するかを考えましょう。これは商売のやり方で変わってくるので、一概にはいえません。

例えば、持ち込みや近所での出張買い取りを重視するなら、本をもっている人が多く住んでいそうな街で開業するのがいいということになります。

出たばかりの本を読み終えたらすぐに売ってもらいたい場合、若い人向けマンションが多い立地や新興住宅地がいいかもしれません。しかし、世代を超えた古い本を売ってもらいたいと考えているなら、築年数の古い家が多く立っているエリアをねらうべきでしょう。家の建て替えやリフォームのときに、親世代が残した本を整理する場合がよくあるからです。

売り上げに関しては、その街の新刊書店を観察するのも一つの方法です。ほかの街の同種の書店に比べて大きめの売り場を割いている分野があれば、それがその街での売れ筋の本です。

最寄り品／買い回り品／専門品

商品には、最寄り品／買い回り品／専門品といった区別がされています。こうした区別の仕方は時代遅れだという声もありますが、古書店の品揃えを考えるときには依然として有効です。

まず、最寄り品とは日用品のことです。日用品はどこで買っても同じなので、普通は最も近い店で買います。複数のメーカーがそれぞれの商品を出していたとしても、異なるのは名前だけで、中身の質はほとんど差がありません。最寄り品を扱う店の代表はコンビニで、半径五百メートルがその商圏といわれています。アパレル（服装、ファッション）関係でも、下着などはコンビニでも売っている最寄り品といえます。

それに対して、よそ行きの服になると、買い回り品といわれます。いくつかの店を見て回って、品質やデザイン、値段を比較して買うような商品です。家具やカメラ、テレビなどの家電製品も買い回り品になります。買い回り品の店はデパートなどが典型で、家具店や家電量販店、大型ショッピングセンターなども、買い回り品の商店といえます。買い回り品の場合は、同じ機能を有する異なる品物が複数の店にあるので、価格競争が起こります。例えば冬に着るコートを買うときなどは、微妙なデザインの違いのなかから、迷いながら選んでいるのではないでしょうか。

これに対して専門品は、おもにその店でしか売っていないものです。例えばエルメスなどブランドもののバッグはブランド力で販売するものなので、価格競争をする必要がありません。

本にも、最寄り品的な本と買い回り品的な本があります。

いま、個人が古本屋を開業するつもりなら、買い回り品に相当する本を中心に扱う必要がありま す。かつては、郊外の街にも最寄り品中心の古書店がありました。しかし、最寄り品的な本は、い まやチェーン店型の大型新古書店の独擅場になってしまいました。したがって、個人経営の古書店 は、個性的な品揃えで勝負していくほかありません。

そうした本を売るためには、出店する店の周辺にも、個性がある、または総合的な品揃えをして いる店がほかにもあるような立地が望ましいのです。こうしたことから、買い回り品の商店がある ような街が、古書店を開業する場所としても優れているといえるでしょう。

ただし、仕入れ＝本の買い取りに関しては、こうした古書店も最寄り商店として利用してもらえ る可能性があります。自宅にある本を処分する場合には、遠くの書店まで持ち込むのは面倒なので、 最も近くの古書店を利用するのではないかと思われるからです。

古書店の立地に関しては、古書店という商売の特殊性から、商店一般の立地とは違う視点が必要 だという人もいます。しかし私は、本を売るということに関しては、ほかの商店とあまり変わりが ないように感じています。ほかのものが売れるところでは、本も売れます。

ただ前述したように、本の買い取り（仕入れ）があるという点が古本屋の特殊性で、店の前に車 が停められるスペースがあれば有利な条件になるでしょう。

第5章 一冊の本はどのように古書店にたどり着くか

専門店と呼ばれるようなコアな古書店も、かつては店売りで一般書を扱っていることが多かったのですが、昨今は目録販売などに特化して、みんな店を閉めてしまいました。

めったに古書市場でも見かけないようなレアな本を扱っている古書店主が――この人も例外ではなく、ずいぶん前から無店舗化していますーーまだ往来の人々を相手に商売していたころ、棚に並ぶ幻のような稀覯《きこう》書に驚いたお客様に、次のようにたずねられることがよくあったそうです。

「こんなに珍しい本、近所の人が持ってきたのですか?!」

珍しい本がどうやってその分野を得意としている店の棚にたどり着くか。ここでは、その秘密を明かしていくことにしましょう。

1 ▼▼▼本は高いほうに流れる

古本には、「高いほうに流れる」という性質があります。

その話の前に、古本業界では珍しくない、こんなエピソードを紹介したいと思います。

専業主婦のA子さんは、引っ越しを前に、古本屋を呼んで手持ちの蔵書を整理することにしました。A子さんが住む町には、古本屋が一軒だけ。そこでまずその店に電話をしてみると、気難しそうな声色の店主が一応、見に来てくれることになりました。

A子さんは電話の雰囲気から、雑多な本ばかりで古本屋の機嫌を損ねてしまって、引き取ってもらえなくなってしまっては困ると思い、古本屋が来る前に、ある程度、自分で処分できるものは処分することにしました。

A子さんが最初に処分を決めたのは、亡くなった義父が趣味で集めていた雑誌類でした。続いて夫が学生時代に読んだ評論、自分がかつて参考にしたファッション雑誌、子どもが小学生の頃小遣いで買った妖怪の本なども、自分の判断で処分しました。雑誌は汚いし、難しい評論など読む人がいそうにないし、流行遅れのファッション雑誌なんて意味がないだろうし、妖怪の本は不気味だからです。

残ったのは、セールスマンが夫の会社に売りにきてローンで買った世界美術全集、毎月、鍋と一緒に送ってきて一年で完結した料理本のシリーズ、ほかには子どもが小学生になったのを機にそろえた子ども文学全集、それに学習百科事典でした。

どれも函入りで、分厚くて硬い表紙が付いた本です。しかもほとんど読んでいないので、表紙は色あせているものの、中身は新品同様です。それに何より、シリーズもので第一巻から索引巻までそろっています。同じデザインの背表紙が壁いっぱいの本棚に並んでいるさまは壮観でさえあります。これなら古本屋のおやじさんに見せても恥ずかしくないはず――A子さんは、そう思っていました。

ところがやってきた古本屋の反応は、A子さんの予想とはまったく正反対のものでした。古本屋が言うには、「捨てたほうに価値がありました」とのこと。残念ながら、引き取ってもらえなかったということです。

なぜでしょうか？

まず、全集や百科事典のような「揃い物」は、一九六〇年代後半から八〇年代前半にはたいへん人気が高いものでした。応接間の壁を占める全集類には、その家の主人がいかに知的で文化を大切にする人物であるかを示す役割がありました。だから、会社にやってくるセールスマンから、同僚と競って歴史や美術の全集を買い求めたのです。また、家では子どものために、英語の百科事典や毎月送られてくる絵本のシリーズなどを契約していました。

新聞社などが限定と銘打って刊行した「豪華本」も同様で、なかには三重の函に入った巨大な本もあります。こうした本は所有することにこそ意味があり、どの家でも、実際にページがめくられることはほとんどなかったのではないでしょうか。

ヨーロッパではいまでもそうした傾向がみられますが、かつては、日本でも書棚がその家のあるじの社会的なステータスを表していました。しかし昨今では、そもそも応接間がある家自体がなくなっていますし、かつて多くの人が買い求めた全集ものなどを、家のリフォームなどの際に手放すケースが増えています。そのため買いたい人に比べて売りたい人のほうが圧倒的に多く、市場が飽和状態になり、ほとんど値が付かない状態です。

では、A子さんが早朝、ゴミ置き場に出した古い雑誌類や夫の蔵書――A子さん宅を訪れた古本屋が「捨てたほうに価値がありました」と評価したその束――はその後、どうなったのでしょう。

まず、義父の古い雑誌類は、自転車に乗った中年男性が荷台にくくりつけた段ボール箱に素早く放り込んで、持ち去っていきました。彼の行き先は三駅ほど離れた街のある公園で、そこにたどり着く道すがらも、彼は各家の前に置いてある紙の束のなかから、これはと気になるものを拾っていきます。この男性は地域ごとに決まっている「古紙回収の日」もよく知っていて、効率よく本を集めることに慣れているようでした。

そのようにして入手した本は、彼の手によって公園でよく吟味され、手際よく仕分けされていきます。すなわち、どの本をどこの古本屋へ持っていけばいいのか、彼の頭のなかには、それぞれの古書店がほしがる傾向の本がしっかりインプットされているのです。持っていくべき本屋が遠方にある場合は、仲間と本を交換し、それぞれ別の店におもむくこともあります。

こうしてA子さんの義父の雑誌は、七十代の店主が午前中から店番をしている、なじみの店に持ち込まれました。男はそこで数千円を手にしましたが、なんとその束のなかには、一冊数万円で取り引きされることもある戦前の少年雑誌も含まれていました。そうした雑誌は、子ども同士で回し読みされることが多いのでボロボロになり、残っているものが非常に少ないのです。したがって古書業界では、貴重な掘り出し物のポジションにあります。

その本屋は、数人の仲間と共同で出している古書目録に、各一万円でその古雑誌を載せることにしました。普段はあまりそうした系統のものは載らない古書目録ですが、ほどなく地方の専門店から注文が入りました。

一方、夫が学生時代に読んでいた評論のほうはどうなったでしょう。その本の束を拾っていったのは、軽トラックに乗った男でした。その男も先の自転車の男と同業で、本を拾うのに慣れた様子です。彼は、古本屋のなかでも老舗はこうした本を高く買ってくれないと知っていたので、最近脱サラで開店したばかりの、店名がカタカナの店へ持ち込みました。案の定、まだ年若い店主は難解な本が好きだったので、喜んで買い取ってくれました。

なかでも、美術史の成果を文学論に持ち込んだドイツ人思想家による著作が気に入ったようで、この類いの本が落ちていたらまた持ってきてくれるようにと、繰り返し依頼するほどでした。三十年ほど前に刊行され、いまでは入手が難しいその評論を、若い店主は刊行時の定価の倍の値段を付けて、さっそく店の棚に並べました。著作の年代順にしようかと一瞬迷ったものの、デザインが似た本を隣同士に並べたほうがきれいに見えるので、出版社別に置くことにしました。久しぶりに「骨のある」本が棚の一段を占めて、店全体の雰囲気も一気に「知的」に引き締まった印象になり、若い店主は一人、悦に入っていました。

するとそこへ、隣町で数十年も店を構えている先輩の同業者がやってきました。彼は、新しく棚に並べられたばかりの評論本を見つけると、「この値段では安すぎるから、俺が市場に出してきてやるよ」と言います。実は若い店主のほうはまだ古書組合に入っていないので、市場には行ったことがありません。一度参加してみたいとは思っていますが、組合員以外立ち入り禁止のうえに、この先輩業者に、いつも「俺が市場に出しといてやるよ」と言われるので、「自分も組合に入りたい」とはなかなか言い出しにくい雰囲気になっていたのです。

店を開店する際にいろいろ世話になった恩義もあり、いわば師匠筋にあたる先輩が言うことには、おいそれと逆らうことはできません。とはいえ、せっかく気に入った品揃えになったのに、並べてすぐに手放すのはなんとも惜しくてなりません。最終的には店で売るために仕入れたとはいえ、「せめて一カ月くらいは手元に置いておきたかったなぁ」と後悔しきりでしたが、それも後の祭りです。

この新米の若い店主の値付けどおりに古参の先輩店主に買い取られた評論は、その関連書も一緒に十冊ほどの束に結わえられて、その県で月に二度ほど催される業者の交換会（市場）に出品されました。落札したのは文学が専門で、県下では最も目利きと評判の、やはり老舗のＢ書房です。しかも落札価格は若い古書店主の付け値の二倍ほどでした。

ところが、これらの本はなんとＢ書房の店の棚に並べられることはなく、さっさと東京の市場に送られてしまいました。それというのもＢ書房では、その筋の研究者たちが東京の専門店数軒に、そのような本を見つけてほしいと相談していることをあらかじめ知っていたからです。実はその研究者のうち、何人かはＢ書房の顧客でもありました。でも、自分が付ける値段より、専門店同士が競争すると値段がつり上がる可能性が高いので、付け値を「止め値」にして出品し、市場でそれよりも高い値が付いたら売ってしまおうと考えたのです。

たとえかなり高値になったとしても、それなりの店がつけた値であれば説得力をもちます。多くの顧客が専門書店に探求依頼を出していて、順番待ちなどということもありえます。商品収集力があるというのが、専門店の専門店たるゆえんです。

それでも安く手に入れたい場合は、専門店以外で探すことになります。しかしそれでは、運よく出合えるのが何年先のことになるかわかりません。

あちこちの書店や即売会場を自分で回るのもたいへんな労力です。それが趣味だという人もいますが、実際のところ、ストレートに専門店へ行くほうが安上がりです。歩き回るハンティングと、両者の違いは、罠をかけて待つ猟に例えたらいいでしょうか。罠をかけるコストを高いと感じるか、偶然の出合いを待つコストを高いと感じるかの違いです。

そうした時間と手間を古書の流通網は代行しているともいえます。「本は高いほうへ流れる」というわけです。とはいえ、ただやみくもに値がつり上がっていくわけではありません。それはその本を最も必要とする人の手に届けるための、緻密な流通システムなのです。

A子さんが捨てた束のなかにあった古いファッション誌は、ちり紙交換のトラックに乗って古紙の集積所「タテバ」まで行きました。普通なら、そこでリサイクルに回されてしまいますが、たまたま古紙回収業者に出入りして、めぼしいものが見つかったら買い取っていくことに慣れている古書店の目に留まって拾われ、いまではなんとアパレルメーカーの資料室に納まっています。また、同じ日にA子さんが出した子ども用の妖怪の本は、「セドリ」氏の手に渡って、その後長い旅を続けることになりました。ひょっとすると、いま私の店の棚にある一冊がそれかもしれません。

――多少のフィクションも交えて私がここで語った〝本の旅〟を通して、古書の世界の一端が垣間見えたでしょうか？

2 ▼▼▼ セドリと古書流通の変化

商売をする場合、小売店にとってはどのように販売するかが大きな課題です。

しかし古書店は、一般の小売店とは違って、売ることよりもむしろ、何をどうやっていくらで仕入れるのか――といったことが最も重要な課題になります。

製造業者が作ったものを卸売業者が流通させる普通の商品では、店頭価格に差があるとしてもせいぜい一割から二割の範囲です。出どころが同じなので、値切るにしても交渉できる範囲には限りがあります。ところが古書など古物の場合、店によって何倍も違う値段で販売されていることも珍しくありません。その理由は、古書の流通経路が複雑で、必ずしも古書市場などを経由して販売されているものばかりではないからです。

そうはいっても、かつては古書の価格設定の仕組みがある程度、きちんと機能していました。それが昨今では、新古書店と「Amazon マーケットプレイス」をはじめとするネット販売の価格差を利用したセドリによって、古書流通の仕組み自体が、大きく変化してしまいました。

古書の世界は広大な海のようなものです。そのため、どんな古書店であっても、うっかりその価値を見落として、相場以下の安い値を付けてしまうケースがたまにあります。とくに新古書店の場合は、「一般書の専門店」なのでちょっと変わった本やプレミアがつくような特殊な本が、驚くほど安い値で並べられていることも珍しくありません。

ここで注意すべきなのは、相場よりもはるかに低い値で店頭に出ているそうした本は、基本的にその店が得意とする品目以外のものがほとんどだということです。積極的に仕入れたものではなくて、たまたまほかの本に交じって買い取ってしまった類いの本にすぎないわけです。ですから、大量にある可能性は、あまり期待できません。

セドリはいわば落ち穂拾いのようなものです。月に五万円から十万円程度の収入は見込めるでしょうが、それを本業にするのはちょっとしんどいと思います。そもそも企業であれば、採算がとれないものとして切り捨ててしまうような部分です。十分にもうかるなら、店自身が従業員に〝セドリ的なスクリーニング〟をさせるはずです。それをしないのは、人件費に見合うだけの利益にはつながらないと店が判断しているからです。

3▼▼▼本の売価と専門店の役割

セドリ自体は悪いことではありません。安すぎる値段が付いた本は、本当に必要としている人のところに届かない可能性があります。正当な値段で売ってこそ、あるいはその本が本来置かれるべき店にあってこそ、探している人の手に渡るからです。

専門店では売り値が高いのが常識です。それでも本を探している人は専門店へ向かいます。たとえ高値でも、自分が求める本が専門店に集まっていることを知っているからです。

一方、そうした専門店が専門店として維持されていくには、常時、一定のレベルを保った品揃えが必要です。そのためには、ときに市場で高く仕入れなければならないこともあるでしょう。高く仕入れた本を安く売ることはできませんから、入札するのはやはり高い売り値で出せるものに限られます。専門店での売り値の高さには、ある程度長い期間その本を置いておくための利益が見込まれています。そうしたほうが、本当にその本を欲している人の手に確実に手渡すことができます。

つまり、値段は決して安くはないが、目的の本を高い確率で見つけることができる――それが専門店の役割なのです。

4▼▼▼インターネットによる古書流通の仕組みの変化

地方の組合に入っていない古書店に並んでいる珍しい本を買い取って、地元の市場に出す業者がいます。それを落札した業者は、今度はその本を東京の市場に出します。そして、そこで買った業者は、最後に大市に出品します。このようにして、本はあるべきところに納まっていきました。かつてはこうした古書流通のシステムが機能していましたが、最近ではだいぶ様変わりしています。

十年前までは、古書の相場では市場での取り引き価格が絶対的な存在でした。そのほかでは、有力書店の古書目録が参考にされた程度です。ところがいまでは、「ヤフオク！」をはじめとするネットオークションや「日本の古本屋」「Amazon」などの古書検索サイトでの価格が、一般ユーザーの相場感を形成するようになりました。そのため古書店の間でも、市場の値段と「日本の古本屋」の値段が、古書の二大相場として認識されるようになっています。

インターネットのサイトは誰にでも閲覧可能な便利なツールです。しかしだからといって、古書店の側がそうしたネット価格を相場だとして、ただまねすることには、さまざまな問題があります。古本の価値を決める要素は多岐にわたりますが、その本がもつ揺るぎない価値に見合った値段というのは、確実に存在します。ネットでの相場が幅を利かせることによって、それが見えなくなってしまうことを、私は何より危惧しています。

5▼▼▼古書には三つの価格がある

古書には三つの価格があります。第一にお客様からの買い値、第二に古書市場での相場、第三にお客様への売り値です。

古物商はほかの商売とは違い、まだ商品ではないものを仕入れて、商品にして販売する生業《なりわい》です。すでに述べたように、蔵書家の本棚に並んでいるとき、本はただの「本」です。そして、古本屋が買い取り価格を付けて、はじめて「古本」になります。古本屋に並んでいる「古本」がお客様のものになったとき、「古本」はまた、ただの「本」に戻ります。商品ではないものを商品にする――古物商はたんなる流通業ではなく、生産的な機能ももっているのです。そのため、そこにさまざまなコストも計上されます。はじめからパッケージされ、伝票を付けて送られてくるほかの商品の仕入れとは、その点が大きく異なっています。

原価率と古書相場

流通業の原価率、つまり売り上げに対する仕入れの割合はどれくらいでしょうか。原価は卸売り業者に支払った価格だけではなく、運送やその他、仕入れにかかる費用全体を含んでいます。多くの流通業では、三〇％から六〇％ぐらいが原価です。これは上場企業が発表する決算書をみれば明らかです。

古書店での原価率はどのくらいになっているでしょうか。同業者の話から総合的に判断すると、一〇％から四〇％程度とかなり幅があります。

ここで注意したいのは、古書には三つの価格があることです。このうち市場での取り引き相場はお客様からの買い値と売り場での売り値の中間にあると考えられます。したがって、おもに市場で仕入れて販売している古書店と、おもに一般客から買い取りしている古書店とでは、原価率がかなり違ってくるのです。

また、お客様から仕入れて、市場に出すのがおもな仕事という古書店もあります。お客様に売るのが一年二年という単位なのにくらべて、市場に出すほうは、はるかに早く売ることができます。その代わりリスクも大きくて、出してみなければいくらになるかわかりません。最低これ以下では売らないという止め値は付けられますが、自分で売り値を決められるわけではないからです。

ではは市場に出品した場合、どのくらいの利ざやが稼げるのでしょうか。出品したものをお客様からいくらで買い取ったかは、古書店にとって秘中の秘です。売買が成立している以上、落札価格が買った金額を超えていることはまちがいないのですが、それをいくらで仕入れたのかを明かす人はいません。

私の見立てでは、予想落札額の半分以上で買う人はいないのではないかと思います。というのも、市場の値段はそのときによって倍ぐらいの開きがあるからです。一万円になりそうだと予想したら五千円ぐらいで仕入れ、それが実際の市場では七千五百円から一万五千円ぐらいになるのが、常識的なラインではないでしょうか。

6 ▼▼▼ 仕入れ

古書店の未来を考えた場合、新古書店でないかぎり、最寄り品の商店として成り立たせていくのはかなり難しいのではないかと思います。

もっとも本の買い取りに関しては、最寄り商店としてやっていける可能性がまだ残っていると思われます。そのためにも、先に述べた店の立地条件について十分に考慮すべきでしょう。古書店の場合はほかの商売と違って、本の販売と買い取りの二つの面をもっているのがその特徴です。また、多くの商売では販売がメインになりますが、古書店の場合は仕入れのほうが重要だともいえます。したがって、お客様が店に本を持ち込むことを考慮して、それに適した立地を選ぶことも重要です。

本の三つの仕入れルート

本の仕入れには三つのルートがあります。市場、同業者、一般のお客様からの買い取りです。最近では「ネット・セドリ」などもありますが、販売者からの買い取りという点では、同業者からの仕入れの一種と考えていいでしょう。

一般のお客様からの買い取り

一般のお客様からの買い取りには、店に直接持ち込んでもらう「店買い」と、お客様の家まで出張して集荷する「宅買い」があります。また最近では、宅配便を通して買い取りをする「非対面取り引き」も多くなっています。

①店買い

店買いでは、その店の品揃えにマッチしたものが持ち込まれることが期待できます。そしてそれを期待するのであれば、普段からその店の路線が明確にわかるような、いわば「看板商品」を置いておく必要があります。昔の古書店（自給自足型）では、たいてい店主が座っている帳場が店の奥のほうにあって、帳場からすぐに手が届く範囲に、その店の看板商品となる本が置いてありました。全体に占める分量がわずかだったとしても、ともかく、その店の肝となるジャンルはその本を見れば一目瞭然で、店主が自信をもって査定する分野であることを示していました。

けれども最近では、そうしたスタイルの店作りでやっていくのは、難しくなっています。店の個性を店舗全体で打ち出していかなければならないからです。それでも、やはり中心となる看板商品はあったほうがいいでしょう。店の品揃えを把握してもらうことによって、同じお客様に何度も来店してもらえるようになることもあります。そうして顔見知りになることによって、人間関係を築いていけるという利点も生じます。

また店買いでは、宅買いや市場に通う場合と違って、交通費・運送費や時間などのコストがかかりません。その半面、品揃えの点では新鮮味に欠ける場合もあります。在庫と多少は異なるジャンルを開拓していきたいと思っていても、もともとの店の雰囲気とかけ離れたものが持ち込まれることはあまりないからです。

それに加えて、すでに在庫にある本を持ってくるお客様もいるでしょう。店買いのお客様は近所の人や得意先のことが多く、売り値が明らかになっているので、あまり安くも買えません。本来なら重複在庫は断りたいのですが、そうはいかないケースもあります。相場が下降傾向の本は市場で買い手がつかず、思わぬ安値で落札されることがあります。しかし、店に来る顧客に以前より相場が落ちていることを説明するのは、なかなか苦しいものです。

なお、こうした買い取り客を得意先にしている場合は、お客様がいつ来店してもいいように、店主は常に店にいなければなりません。店主の都合で気まぐれに店が閉まっていたら、重たい本を自宅から持ってきてくれるお客様の信頼は、そこで失われてしまいます。そうしたことがないように、もし店主が店を空ける場合でも、買い取りのお客様が持ってきたものはいったん店番の人が預かるなどして、後日査定したうえで支払いができるようにしておく必要があります。

一般の人が持ち込める量には限りがあり、一度に大量の店買いをするのは無理です。例えば、お客様のほうからあらかじめ千冊ほど買い取ってほしいといった相談があるような場合には、それを店に持ってきてくれとは言えません。そうしたときには、店側から出向いていくことになります。

②宅買い

宅買いでは、一度にたくさんの本を買い取ることができます。なかには普段扱わないような本が紛れ込んでいることもあります。これは本が買いたくて古本屋になった者にとってうれしく楽しいことであり、また大きな刺激にもなります。

いつ来るかわからない店買いのお客様とは違って、あらかじめアポイントをとったうえで出向いていく宅買いは、スケジュールが決めやすいという点でもストレスが少ないといえます。

また、店買いの場合は、店をもっていることが大前提ですが、宅買いなら無店舗でもできます。そこが最大の利点です。

その半面、宅買いにもデメリットがあります。まず自分の店が得意としていない分野の本を買い取らなければならない場合です。また車が必需品で、出張コストがかかるのも難点です。宅買いをする機会がまれであれば、レンタカーや運送屋を利用したほうがいい場合もあります。

買い取りにいった場合、当然のことながら、自分の店で品揃えしたいものとは異なる本が大多数を占めていることもあります。そうした場合も、ある程度その分野についての知識をもっていれば、市場を利用したりして、デメリットをメリットに変えることができます。市場を利用することで、買い取りの総合性を担保することができるのです。

③非対面取り引き

古物営業法では、公安委員会に届けられている古物商自身の「営業所」か、「相手方の住所若しくは居所」でしか、買い受けるために古物を「受け取る」ことをしてはならないことになっています（第一四条第一項）。しかし、最近では通信販売の隆盛に伴って、宅配便を利用した中古品の処分を望むお客様が増えています。そのため古物営業法が一部改正され、非対面での買い取りを可能にするためのルールが作られました。確認には手間がかかりますが、これによって通信での買い取りも合法的に可能になりました。

この場合、お客様から依頼を受けた古書店が身元確認の手続きをしたあと、宅配業者が本を集荷し、古書店の営業所で査定をおこなってその金額を相手方に伝えます。それで折り合いがつけば、銀行振り込みなどで代金を支払って取り引き完了という流れになります。

こうした通信買い取りは、いわば店買いと宅買いの中間のような取り引きで、お客様は本を箱詰めにして玄関まで運んでおけばいいだけです。また買い取る側の店としても、自分の営業所で、必要があれば資料などを援用しながらじっくり査定できるという利点があります。

ただし、分量としては千冊程度が限度で、引っ越し用の段ボール一箱に五十冊が入るとしても、二十箱がせいぜいでしょう。その逆に、分量が少ないと、送料倒れになってしまう可能性もあります。ある程度分量がまとまらないと、取り引きは難しいのです。

一方、こうした通信買い取りのデメリットは、来店するお客様とは違って、店の傾向に合った本を送ってくれるとはかぎらないことです。

古書店側としては、買い取りまでのプロセスをわかりやすく説明する、送料を負担するなど、他店との差別化をはかって、集客に努めなければなりません。

ある傾向のものを集中的に仕入れるには、あとで説明する市場からの仕入れのほうが効率的ですが、市場に品物が出品されるためには、その前段階として、その本を一般のお客様（業界の外）から仕入れる業者が必要です。その意味でも、一般のお客様からの買い取りは、古書を扱う商売では決して軽んじることができない、基本中の基本なのです。

市場の活用

市場では、ものによっては数冊から数十冊、ときには数百冊の本がひとくくりにされて取り引きされるケースがあります。これは、同傾向の本をまとめて取り引きするほうが効率がいいからです。つまり、市場では、ある傾向をもった本をまとめて仕入れることが可能なのです。

競争入札になっているので、高く入札すれば何でも仕入れることが可能です。そのようにして、大量の本を一気に、しかも特定分野の本を集中的に仕入れることもできるのです。

本屋に限らず、商店の特徴は、どんな商品をそろえているのかにかかっています。

個性ある店作りをするためには、市場を活用する必要があります。一般のお客様から買い取りをしているだけではなかなか実現できない品揃えが可能になるからです。専門分野をもった古書店にするには、ぜひとも市場を活用しましょう。そのほうが、早くから店の品揃えに個性をもたせることができますし、それによって、一般客から持ち込まれる本も同じ系統のものが増えてきて、専門性を打ち出しやすくなります。

ただし、市場に参入する場合は次の点に注意しましょう。

まず、ほかの人より高く入札しなければ買えないので、最高値で仕入れることになります。また、同業者が相手なので、売れ残りをつかまされることもあります。一度売り場で残ったものは、一見売れそうに見えてもなかなか買い手がつかないものです。安く買えればいいでしょうが、売れ残りを誤って高く入札してしまうと、損をする場合があります。

市場に参加することで、相場を知ることができます。けれども相場どおりでは、上手な商売とはいえません。相場とはあくまで「他人の値段」です。それぞれの業者が、顧客からの注文など、独自の根拠に基づいて値段を決めています。したがって、同じ値段で買っても、同じように売れるとはかぎりません。いくら値段をまねしても、それだけでは既存の業者に勝つことはできないことを理解しましょう。

同業者＝セドリ、目録などからの仕入れ

同業者からの買い取りには、セドリや目録からの注文などの方法があります。最近では古書店の共同検索サイト「日本の古本屋」を利用した注文も多くなってきました。自分の都合がいいときに、ほしい本だけをピンポイントで買うことができますし、すでに商品として販売されているものなので、補修やクリーニングの手間がかからないのも利点です。また、一緒に不要な本を買ってしまうこともありません。

開場前に大勢の人が並ぶ古書即売会などのイベントには、一般のお客様に交じって古書業者もたくさん来ています。即売会では複数の書店の出品物を同時に見ることができますし、お客様の前に初めて出す初荷が中心で、その店の主要取り扱い品目ではない本を持ってくる業者も数多くいます。そのため、掘り出し物がたくさん見つかる可能性が高いのです。

かねてからなかなか見つからない特別な本を探している場合や、相場は非常に高価でも、高そうに見えない本を手に入れたい場合には、即売会や店頭からのセドリが向いています。ただし、売り値・品揃えは相手任せなので、予定していたとおりの内容で仕入れができるとはかぎりません。また、一つずつ選んで買うので、大量に仕入れることは難しいですし、何軒も店を回るのには時間もかかります。

その点、目録注文やネットでの注文は、自分の都合がいいときに、いながらにしてさまざまな本屋の在庫にあたることができるので、たいへん便利です。店独自の目録やウェブサイトは、その店

が売りたい品物をまとめて取り扱っているので、見やすくて説明も親切な場合が多いのですが、価格は相場かそれ以上が付いているはずです。「仕入れ」としては利用するのは難しいかもしれません。

即売会などに付随して発行されることが多い共同目録は、即売会の会場での場合と同じく、掘り出し物と出合う確率が高いものです。インターネットを利用する場合は、「ヤフオク！」などのオークションサイトや「日本の古本屋」「Amazon マーケットプレイス」といったデータベース検索サイトが在庫も豊富で、価格もこなれているようです。これらのサイトでは、検索方法などによって、思わぬ珍品に出合う可能性もあります。

市場と同業者間の直接取り引きは、どちらも業者同士の取り引き（B to B）です。この業者同士の取り引きが古書店の販売額の半分ぐらいを占めているともいわれています。したがって、消費者に販売する小売りとは、別に考えたほうがいいかもしれません。しかし、古書店が扱う中古品は、販売後にまた買い戻すこともあります。そのため、流通と消費というように、はっきりと分けて考えられない部分もあります。

7 買い値の決め方――当店の場合

ではここで、当店の買い値の決め方を披露してしまいましょう。

まず本は、自分の店で売るものと市場に出すものに分けます。

店に出すものは売り値を先に考えて、その割合から買い値を決めていきます。確実にすぐ売れそうな本であれば最高で売価の五割程度、そのほかは一割から三割の評価額にします。

物理的に傷んでいれば安くなりますし、その本自体の価値が安定していて、店のラインアップとしてそろえておきたいものであれば、高めの評価になります。また、もともとの単価が低いものは、評価額の割合も低くなります。はじめから百円コーナーに置くことが決まっているような単行本は、十円程度の買い値になります。

店で売るものに関しては、かつては定価以上で売るもの、定価の半額以上で売るもの、定価の半額未満で売るものと、三種類ぐらいに分ければよかったのですが、昨今は古書相場が流動的で不安定になっているので、そうした分け方は通用しなくなりました。

買い取りをする際には、本の大きさ、つまり判型も見逃せないチェックポイントになります。例えば、同じ千円で売れる本でも、小さな文庫本と大きな美術書では棚に占めるスペースがまるで違います。美術書と同じスペースで文庫本なら数十冊は置けます。毎日の売り上げが棚に入っている本の総額に比例するとすれば、判型が大きくて安い本を置くのは、たいへんな損失です。

また、ほとんど売れそうにないと判断されるものは、全体でいくらというように値付けをします。もっとも、以前は百冊の山を全体で五百円で買い取るなどとしていたのですが、最近は一冊一律五円とするほうがお客様が安心してくださるので、なるべくそのようにしています。

当店では、お客様で本を処分していただくような事態はなるべく避けたいと考えているので、正直なところ、売れそうにないと思われる本でも引き取るようにしています。とはいえ、出張買い取りにいって、処分品ばかりで売れるものがまるでないような場合には、買い取りを断らざるをえないこともあります。

「これは市場に出せるな」と判断したものについては、市場の落札価格を想定して、その半値で買い取るようにしています。市場の値段は変動するので、半額程度にしておかないと損になることもあるからです。また、運送や仕分けなどに大きなコストがかかる場合は、その分を差し引いて考えます。汚れがひどく、クリーニング代などのコストが余計にかかりそうな場合も、その分を買い値から差し引きます。

実際には、もっと細かな部分まで考えたうえで買い値を決めているのですが、おおまかにいうと、こんな感じになります。

本への思いも一緒に引き取る

できるだけ高い金額で買い取るのが古本屋の使命であることは、言うまでもないでしょう。

とはいえ、本を処分することでもうけを出そうと考えているお客様はあまりいません。ほとんどの場合、その本を買ったときよりも安い値段で処分することになります。古本屋に本を出すのは、お金が目的というよりも、ほかの理由によるからです。

古書としての価格がそのまま内容の価値を表しているわけではありませんが、少なくとも、いくらかでも値が付くうちは、古書は再び世の中に出て、読まれる価値が十分にあるのです。ですから、お客様に買い値についての説明を求められた際には、高い本であれば、その希少性と価値について説明し、安い本でも、希少性は低いけれど社会的には価値があると説明するようにしています。

本を処分するお客様は、それらの本への思い入れを多かれ少なかれ必ずもっています。それが自身の蔵書ではない場合も同様で、私たち古本屋が本を引き取るときには、そうしたお客様の思いや本への愛情も一緒に引き受けるようにしたいものです。

亡くなった人の蔵書を遺族が整理する際に、古本屋が呼ばれることもよくあります。そうしたときには、蔵書の古書的な価値を説明してあげるといいでしょう。蔵書家の遺族のなかには「それまで本の置き場に泣かされてきた」と言う人もいますが、遺品の蔵書がまたほかの人に読まれ、世の中の役に立つことを知ると、多少の慰めにもなるようです。

本は、それだけ複雑な思いがこもりやすいものです。たとえ傷んでしまってこちらで処分するしかないような本でも、持ち主にとっては、捨てるにしのびないということもあるでしょう。そうした場合はなるべく買い取り可能な本と一緒に引き取って、古書店が処分するようにしましょう。

買い値の決め方――一般的な場合

一般的な古書店経営の常識と、私の約三十年にわたるこれまでの商売の経験から得た感覚を総合してみると、古書店の買い値はおおよそ売り値の一割から三割が大半だと思われます。もちろん個別に見れば、買い手がつくのが早く、手間をかけずに売れるものについては、原価率が高くても問題ないので、もっと高く買うこともあります。

昨今では、その本がいまの市場でどれくらいのニーズをもつものなのかを知る目安として、ネット情報を利用する店も増えています。例えば、「Amazon」のランキングで一万位までは売価の五〇%、三十万位までは二五%、それ以下は一〇%で買い取るといった価格設定をしている店もあるようです。

しかし、希少な古書の場合、買い手は確実に存在しているのにもかかわらず、供給が不足しているためにランクが上がらない場合もあります。また取り引き数自体が少ないため、ランキングの精度が低いという点もあります。ですから、ここから割り出した値が必ずしもその本の価値を正確に示しているとはかぎらないわけです。まだまだ、古書店主が経験と知識によっておこなう目利きが必要です。

もし、お客様からの買い取り額が平均して五割を超えているというような経営をしたいなら、確実に売れるものだけを扱うことになるでしょう。持ち込まれたもの、片付けを依頼されたものをなるべく引き取るようにすると必ず売れ残りが出ます。市場で一冊ずつ出品されているようなものを仕入れるような場合は、たいてい売り値の半分以上で落札することになりますが、確実に売り先や売り方が決まっているものだけに絞って入札するので、売れ残りを最小限に抑えることができます。同じように一般のお客様からの買い取りも、よく選んで必要なものだけを引き取るようにすれば、高額での査定が可能になります。専門店では実際にそのようにしているところがあるようです。

ただし、そういう本は多くありませんので、大半の本をお客様にお持ち帰りいただくことになります。お客様にとっても、全部引き取ってもらうのか、高額のものだけ処分するのか、どちらがいいかは場合によって違うでしょう。選べば一冊あたりの値段は高くなりますが、めぼしいものや専門店が喜ぶものを抜き取られたあとの残りの本は、どの本屋にとってもやっかいな品物になって行き場を失ってしまうかもしれません。古書店街などでは複数の専門店が狭い範囲に密集しているので、自分の得意分野だけを評価して残りの本は持っていくべき店を示唆してあげるのも親切でしょう。

いずれにせよ、買い取った本を販売するときの価格は店側が決めることです。先にその価格を考えなければいけません。売り値があり、そこから逆算して買い値を決める。ここでいう売り値は店頭価格の場合もあるし、市場に出す場合もあります。市場に出す場合は価格設定できませんが、落札した業者が付ける値段を考えれば、おおよその落札価格を予想することができます。

コストから考える

コスト面から販売価格を決めていく場合の、おおよその流れをみていきましょう。

ここで気をつけたいのは、買い値を決める要素は売り値だけではないということです。実際に仕入れた本が売れるまでにどれくらいの時間がかかるのか。それによって、その品物にかかるコストが決まります。

例えば、家賃二十万円の店に一万冊の本が在庫としてあると仮定しましょう。その場合、一冊あたり月に二十円の家賃がかかっていることになります。つまり、置き場所代だけで年間二百四十円です。実際のコストでは、これに人件費や光熱費、税金などもプラスしなければなりません。

このような仕入れ代とは別にかかる経費を、「販売費及び一般管理費」(販売管理費)と呼びます。この販売管理費が占める割合が大きいのが、小売店の特色です。また、売れるまでの期間は原価分のお金を寝かせておくことになるので、その分の金利も含めて考える必要があります。

売上高に占める販売管理費の割合を「売上高販売管理費比率」といいますが、日本のスーパーマーケットなどでは、だいたい売り上げの三分の一程度が販売管理費に相当します。

古本屋の場合は、店主の取り分を人件費とすれば、半分から三分の二程度ではないでしょうか。多くの店では、売り上げの二割から三割を家賃などの売り場を確保するためのコストとして支払っています。消耗品費や光熱費、宣伝費など諸経費も、売り上げの一割から二割程度は必要です。したがって、仕入れ値が三割とすれば、二割から四割が利益+人件費ということになります。

売り上げのうち、原価を引いた分を粗利益といいます。原価とは売れた分の仕入れ代です。粗利益は、販売管理費と営業利益に分けられます。

上場企業の粗利益率は、投資家のための情報として公表されている決算書などでわかります。一般的な小売店の場合、最近の決算書では、スーパーのイオンで三五・五%(二〇一四年)、ユニクロ四九・三%(二〇一三年)、ブックオフ五七・九%(二〇一三年)となっています。

ここから先は想像になりますが、古本屋の場合、粗利益率が六割から八割の店が多いのではないでしょうか。

本は重量品で、体積のわりに価格が安いものです。取得より所有するほうにコストがかかります。輸送や保管をどうするかについて、あらかじめ考えておく必要があります。さらにいえば、売れるまでに時間がかかるということは、その分、売れ残る確率も高いことを意味します。経験的には、最初の一カ月で売れた半分しか翌月には売れませんし、翌々月にはさらにその半分というように、売れ行き率は下がっていくのが普通です。

古書は価格弾力性が低い

ならば、とにかく安くして早く売るのがいいかというと、古本の場合はそうとも言い切れません。相場が上がり調子のものをみすみす安く売るのは、その本を本当に必要としている人に手渡したいという古本屋のポリシーに反します。

また、値段によって売れ行きが変わることを価格弾力性といいますが、本は値段が安ければ必ず売れるという類いの商品ではありません。例えば相場が一万円の本が千円で出ていたとしても、その本を必要としない人にとっては意味がありません。逆に、必要な人にとっては、付いている価格よりもはるかに価値をもつ場合があります。本とは、そういうものです。

こうしたところが、本が例えば食料品などとは決定的に違う点です。八百屋や魚屋であれば、一日の終わりには店に何も商品がなくなるかもしれません。食べ物は安くすれば必ず売れるので、定休日の前日には、すべての商品を値下げして売り切ってしまうこともできるでしょう。しかし本はいくら安くしても、読みたくない本を買ってもらうことはできません。常に大量の在庫を抱えて、その一冊をほしがるただ一人のお客様を待つしかないのです。

転売を目的とする人を除けば、古書は価格弾力性がきわめて低い商品だといえるでしょう。つまり、安くして売る、安いから買うという状態にするには、転売してももうけが出るくらいまで安くしなければならないのです。

結局、相場か相場より少し安い価格を設定して、それをほしいと思ってくれる少数の人を待つしかないのが古本の商売です。まして、いまは新刊本も売れない時代です。新刊も古本も含めて、たくさんの売れない本のなかから、どのようにして自分の店の一冊を買ってもらえるようにしたらいいのか、どの店も苦心しています。開業にあたっては、このことを念頭に置いておきましょう。

本を売る期限を決める

必ず売れ残る本が出ますし、時間が経過するほど売れ行きが鈍ることもわかっています。そこで大事なのは、何割売ったところであきらめるかという時期を設定することです。

実際にある月の仕入れ品の八割を売るまでに、どれくらいの時間がかかるでしょうか。二年かかるとしたら、残りはあきらめるようにする。あるいは、八割を売ったところで、残りの二割をあきらめるようにするなど、期限を決めてみるのです。

実際、二割という数字が妥当かどうかは判断が分かれるところですが、売れ残りが五割を超えるようなら、経営はかなり苦しいでしょう。

ここでは当然、売ることをあきらめた売れ残りをどうするかという問題が出てきます。いちばんいいのは市場に出すことです。もともと市場で売り買いする値段よりも安く買っているはずですから、市場に出して処分すれば損はしないはずです。

けれども実際には、売れ残りを出品してもあまり買い手がつかず、安く落札される場合も少なくありません。売れ筋が入っていないということはみんな見当がつくので誰もほしがりません。しかしそれでも、市場に出せばいくらかにはなります。

また、場合によっては廃棄することも必要です。出版社は製造業者ですから、そのとき必要な最大限の量を供給しようとします。たいていの製品は作られたときが最も需要が多い時期なので、時間の経過とともにある程度減らしていかないかぎり、中古市場は供給過多になっていきます。消耗品などであれば自然に減っていきますが、本は何十年も残るものです。誰かが意図的に減らさないかぎり、ずっと供給過多の状況が続いて、値が付かなくなってしまいます。

例えば、七百万部以上売れた黒柳徹子『窓ぎわのトットちゃん』（講談社、一九八一年）は、日本中に七百万冊あるわけです。本は捨てないかぎり数が減りません。焼けたり破けたりしたごく少数を除いて、おそらく七百万部のほとんどがいまでも残っているでしょう。

それらすべてが次の世代に受け継がれていくことになるわけですが、いったいそんなことが可能でしょうか。出版時に刷られた冊数でなく、現在必要とされる量まで本の数を減らすことも、ある意味で古本屋の重要な仕事なのです。

何をどれだけ廃棄すべきかは古本屋が恣意的に判断することではありませんが、あり余るものはどうやっても売れません。したがって、ある時期がきたら古紙として処分するしかないのです。お客様と古書店とのやりとりのなかで、おのずとその時期は決まります。古本屋はそうした歴史が実現する場所でもあるのです。

実際の買い値の決め方

ある本を販売できる状態にするために特別なコストがかかる場合、その分を買い取り価格から引かなければなりません。例えば、セットで販売するべき本の一部が欠けているときは別の手段で補充してセットにしますが、この場合の買い取り価格は、「(セット買い取り価格)―(補充に必要な価格)」となります。また、破損していて補修が必要な本、持ち出し困難な場所（天井裏など）にあって大勢の人手が必要な本などは、その分の費用を買い取り価格から差し引くことになります。一方、通常の店買いや宅買いの場合は固定費のなかで収まるので、そのような必要はありません。

では、具体的にみていきましょう。

仮に、千円に値付けする本が十冊あった場合、売り値は一万円になります。しかし、実際には一年間で七冊しか売れなかったとします。つまり、売り上げは七千円で、残った三冊は、会計上は三冊分の仕入れ価格が棚卸し資産として店に残ったことになります（各三百円で仕入れたとすると九百円です)。

資産といっても、実際には売れ残りです。売価は三千円と付いていますが、それで売れる見込みはまずありません。そこで、あきらめて市場に出したら千円になりました。そうすると、売り上げは全体で八千円になります。

ここまで予想して計算しなければ、買い値は決められません。もしこの十冊を三千円で買ったとすると、お客様の側から見ると売り値に対する買い取り価格は三割ですが、売り上げに対する原価は四割近くになります。一冊あたりの一般管理費が年間六百円とすると、十冊で六千円です。一年後に一気に売れるわけではなくじわじわ売れているはずなので、半分として三千円。残る利益は二千円です。

つまり、売り値をいくらに付けるかではなく、実際にはいくらで売れるかを考えるのです。売り値に対する買い取り価格と、売り上げに対する原価を近づけるためには、売れ残りを極力減らす必要があります。ほかには、宅買いなどの手間がかかる買い方はやめて、お客様に宅配便で送ってもらうようにすれば、経費を減らすことができます。

運送料は、業者を選んで上手に契約すれば、定価よりずいぶん安く請け負ってもらうことができます。また、ヤマト運輸のヤマト便などのルート便では、通常の宅配より配送日数はかかりますが、かなり安価になります。

しかし、お客様が選んで箱に詰めると、重要な珍品を捨ててしまうことがあります。作りの立派な、しかし実は古書価が安いものを大事に梱包して、破れそうに薄い海外の絵本など貴重なものを「汚いから本屋さんに悪いわ」というような理由で入れてくれなかったりします。だから、やはり本がもともとあった場所に直接出向いて買ってくるほうがいいのです。それに数百冊程度ならまだしも、千冊を超えるような蔵書を箱に詰めるのは簡単ではありません。お客様が途中で断念してしまうかもしれません。慣れた古本屋が整理するほうがずっと効率がいいでしょう。

また、売れ残りが出るのは、最初の値付けが悪いせいではないかと思われるかもしれませんが、何度も繰り返しますが、本は全部売るのが難しい商品です。八割売るのでも、実は非常にたいへんなのです。ただし、古本屋はいろいろな販売チャンネルをもっているので、店で売れないものはネットや紙の目録、即売会、デパート展など、さまざまな方法で販売することができます。複数の現場を利用して、売れ残りを徐々に減らしていくのです。

一般的にいえば、販売までに時間や手間がかかるものは原価を下げる必要があります。売価が安い本も作業コストの割合が高くなるので、同様です。逆に少ない手間で高く売れるものは、売り上げに対して高い割合で買うことができます。つまり一割から三割というのは平均額で、何でも同じに買うわけではありません。

ここまでで、売り値の付け方には非常に複雑な面があることがわかったでしょうか。

市場の機能から考える

市場については、これまでおもに仕入れ先として考えてきましたが、ここでは、古本屋が本を売りにいく場としてみていきましょう。

持ち込むときには、市場の値段より安く仕入れていなければならないわけです。反対に、買っていく人は、市場の値段より高く売らなければいけません。したがって、市場の値段は、お客様からの買い値とお客様への売り値の中間にあります。

市場には競争があるので、仕入れたものが、すぐに五倍や十倍になるということはまずありえません。普通は実際の売り上げの半分以上で取り引きされるでしょう。出品者の側も五割程度の粗利益を出したいとすれば、最終価格（店頭での販売価格）の四分の一程度がお客様からの買い取り価格だと考えられます。千円で売られるものは、市場では五百円ないし六百円、お客様からの買い値は二百円ないし三百円という計算になります。

しかし、これはあくまで想像の話です。実際には、自分が出品したものはほかの人が買っていくので、実際にいくらの売り上げになったのかは知ることはできません。

市場で本を買いたい場合には、その本がいくらくらいで取り引きされているのかを知らなければ、入札できません。ですから、自分が興味をもっている本が出品されたときに入札すべき額がわからないときは、その本の落札額を確認して次に備えるようにします。

とはいえ、妥当な入札額がわからない場合は、安めに入れておけば、少なくともあまり損をすることはありません。

他方、出品するほうは、あらかじめいくらくらいになるかの見当を間違うと、思わぬ損をすることになります。自分だけでなく、お客様にも損をさせてしまったら、信用を失いかねません。その意味でも、相場を知っておくことは出品者にとって大事なポイントになります。

ネット価格から考える

最近は、ネットから価格を手軽に類推できるようになりました。

当店は、バーコードをスキャンすると「Amazon マーケットプレイス」と「日本の古本屋」を同時に検索して記録するシステムを作りました。オークションの落札額や検索サイトでの販売額をデータ化してくれるサービスもあり、ネットでの価格は非常に透明になっています。このシステムは、手数料や消費税なども計算してくれるので、あとは、どれくらいの期間で売れるかを入力すると、掛け率を計算してくれます。この売れるまでの期間の予測は自動化されていないので、私の経験と勘で判断しています。

店では、平均して半年から二年くらいかけて売っていきます。とくに店に置いておきたい本に関しては、在庫は二年間としますが、それ以外の本はだいたい半年をめどに、売れ残りは市場に出すなどしています。

しかし、こうした平均値はあまり参考にならないかもしれません。当店でもネットを利用するようになってから、売れるものに関しては非常に足が速くなり、その逆に、一カ月たっても売れないものは、いつまでたっても売れないような感じになっています。

しかし、だからといって、ネットに頼りきりになるのも考えものです。なぜかというと、ネット価格は激しく変動しやすいからです。一時的な高騰や詐欺的な値下げ競争を避ける意味でも、古本屋の相場感が大切です。

自分の相場感をもつ

価格決定をする際、それまでにかかったコストや市場やネットでの価格は、あくまで参考程度にとどめます。なぜなら、その本が本来もつ価値を評価した値段は、それらとはまた別のものだからです。内容や造本を含めた内在的価値に、発行部数や需要と供給のバランスなどを考慮した環境的価値を加味してはじめて、その本がもつ本来の価値に基づいた値段が定まります。

プロの古本屋を志すなら、たとえネット全盛時代であっても、自分の相場感というものをもつようにしたいものです。

相場感を養うには、その本の価格がどのように変化していくかを大局的に見極める目をもつことが大事です。少なくとも一年後に、価値が上がるのか下がるのかくらいのことは、予想できなくてはなりません。そのためには、その本がもつ空間的・時間的なつながりを把握しておくことが必須条件です。

本の著者の経歴や人脈はもちろんのこと、その本が歴史的文脈のなかでどのような位置にあるのか、いまの社会にどんな意味をもつのか——といったことについて語れるだけの豊富な知識をもっていることが、古本屋の世界で「本をよく知っている人」といわれる条件になります。

本の値段はもともと安い

本がもっている読者への影響力に比べて、古本屋の買い値はあまり高くありません。これは、新刊のときの定価や、古書としての売り値に対する割合が低いという面もありますが、そもそも定価自体が安すぎるということも含みます。

一九七五年の書籍平均定価が二千三百九十四円、二〇〇五年が二千五百十四円と、三十年間でほとんど上がっていません。現代社会では本の価格が低すぎるのです。もちろん内容が薄い本も多いのですが、読者の人生を変えてしまうような重要な本まで手軽で安価に売られています。

本を手放す人は、一度はその本を手にしたわけですから、かつて感動した本や、過去の思い出と結び付いた本が、きっとあるはずです。とくに古本屋を呼んでまで本を整理するような蔵書家であれば、本に対する思い入れも相当に深いでしょう。

そうした読者としての本への尊敬の念と比べると、古本屋の買い取り価格は不当なほど安いと感じられることが多いのではないでしょうか。

本を売る人はどんな人か

本を売る人の理由はさまざまで、必ずしもお金が最優先ではありません。

高く買える本だけを選んで買い取ってほしいというお客様もいらっしゃいますが、細かいことはどうでもいいのですべて片付けてほしいというお客様もいます。売り上げに対する仕入れ価格が同じでも、売れ残りを多く作れば一冊あたりは安く買うことになります。処分費用のほうが高い本もあるでしょう。結果として、選んだほうが総額が高いこともあります。しかし、それでもなるべく全部持っていってほしいというのです。

本を有意義に役立ててほしい、家のスペースを空けたい、引っ越しの荷物を少なくしたいなど、本を手放すにはそれぞれの事情があります。少しでも高く買い取れるように努力するのは当然ですが、お客様の希望はお金だけではありません。古本屋がもつ「大量の本を素早く処理する技術」を生かして、お客様の様々なニーズに応えましょう。本を社会に還元させること自体で、お支払いする金額以上に喜んでいただけることもあります。

本を手放すお客様に共通しているのは、自分でゴミに出すのはしのびないという気持ちです。たとえ値が付かないものであっても古本屋に処分を依頼したいのです。われわれ古本屋は、物体としての本だけではなく、お客様の本に対する思いも一緒に買ってさしあげる姿勢をもちたいものです。例えば、非常な蔵書家の夫をもった奥さんが、居住スペースを奪われて憎んだその本を、夫が亡くなったからといって捨ててしまったのでは、自分の苦痛がゴミのためだったということになってしまいます。古本屋が、「次の世代に残すべき本です。世の中にはこの本を求めて探している人がたくさんいます」と喜んで引き取っていけば、この奥さんの恨みもいくぶんかは報われるのではないでしょうか。

本を売ってくれる人は、本（という通貨）で、本を再び社会に戻して生かすというわれわれの活動を買ってくれているのだと考えることもできます。

古本屋に本を売る人は古本屋がいくらで買うのか、あらかじめわかりません。自分で古本屋に持っていくのは重たいし、呼ぶにしても慣れない行為で気が重いし、処分を依頼するための負担が大きいものです。それでも、昔は古本屋に持ち込むか、くず屋に払うぐらいしか本の処分方法がありませんでしたから、古書店は「古書高価買入」の看板を出しておけば成り立っていました。

いまでは、ネットオークションやフリーマーケットなどの、古本屋以外の選択肢がたくさんあります。お客様は古書店に電話をかける前にそれらを試してみることができます。しかし「ヤフオク！」「Amazon マーケットプレイス」などは意外に取り引きが面倒です。そのわりに安い本が多くて、大半の一般書が一冊一円から、せいぜい数百円程度で出品されています。

そんな本でも、落札されればすぐに反応しないと先方の怒りを買います。だから毎日、落札や注文がないか注意していなければなりません。メールの返事だけではありません。梱包や発送にも手間がかかります。日々、何件も注文が入る業者なら日常業務としてやりますが、一般の人が片手間にやるには面倒すぎるのではないでしょうか。そこで、古本屋にまとめて売るほうが効率がいいということになります。

もちろんなかには高い本があります。しかし、高い本はすなわち貴重な本ですから、ごく少数しかありません。数千冊のうちの数冊なので、大量の本を扱う技術が必要です。また、どの本が高いかを見分けるのには、古書業者としての知識が必要です。

貴重な本があれば、見逃さずにふさわしい方法で世の中に戻すのが古本屋の仕事です。新古書店ではなく昔ながらの古本屋を選ぶお客様には、そういうことも期待されていると思います。

第６章　相場はどう決まるか

1 古書市場での取り引き――いわゆる相場

古書市場での取り引き価格が、古本業界でいうところの相場です。そのときどきで多少の変動はありますが、プロ同士の取り引きなので信用性は高いといえるでしょう。

この場合、一度の取り引きが直ちに相場になるわけではありません。相場を高くすることを目的にした仕手取り引きなどもありえますので、ある取り引きの金額が正当な相場なのかどうかを判断するには、業界の人間関係を把握したり、それまでの取り引きの経過に注意を払ったりする必要があります。

すでに何度か出品されたことがあり、誰が売り手であっても一定の価格帯に収まっているものについては、市場ではいくらぐらいになるという共通認識が形成されています。自分の在庫も、出品すれば実際にその金額になるので、それがお客様への販売価格の最低ラインになり、同時にお客様からの買い取り価格の最高ラインになります。

古書市場の取り引きは非公開です。記録も一部の大市を除いて残していないのが現状です。そのため、一般の人はおろか、組合非加盟の業者や、組合加盟の古書業者であってもその日の市に参加していない業者は落札価格がわかりません。噂や個人的な情報網でめぼしいものの価格は知られるものですが、書いた記録ではないのであやふやです。

また、東京の市場の取扱高は、全市会をトータルしても年間数十億円程度です。多くの本が東京に集まっていることを考慮すれば、全国の市場を合わせても、せいぜいその数倍程度でしょう。この数字は、古書マーケット全体からみるとごく一部にすぎません。

取扱高が少ないということは、同じ品がいつも出ているわけではないことを表しています。だから、古書市場で相場が形成される本は、実は出版物のなかのごく一部です。相場を知っていたとしても、それが実際に出品されなければ買うことはできません。出品されたときにはじめて、相場の知識も生きるのです。

専門店の古書目録

有力書店の古書目録の価格も、相場を形成する一つの目安になっています。

とくに専門店の目録はその分野のプロが値付けをするので、価格に安定性があります。一年前も一年後も、ほぼ同じような価格で出ている可能性が高いでしょう。固定客を相手に商売をしているので、「版元で品切れになった」「新版が出た」といった明らかな理由もないのに価格が大きく変動すると、信用に関わるからです。

また専門店では、内容の価値に応じた値付けが期待されています。一万円だった本が突然十万円になったりすれば、その店の目利き力を疑われます。逆もまたしかりです。去年十万円で買った本が同じ店で一万円で出ていたら、お客様の怒りを買って当然です。古本業は、固定客を相手に信用を得てこそ成り立つ商売です。将来値上がりしそうなものは、あらかじめ予測できなければなりません。また、値崩れしそうなものについては、買い支えてでも価格を維持する必要があります。

とはいえ、紙の目録ならではの不安も存在します。印刷物である以上、とうに売れてしまったものがそのまま記載されています。同様に、すでに相場が下がっている本が以前の高値のまま、あるいは、相場が上がっているものが以前の安い値のままで据え置きにされている可能性もあります。紙の印刷物ゆえにこうした時差が生じることを、あらかじめ認識しておきましょう。

店頭価格

専門店の店頭価格は、ほかの本屋にとって最も参考にしたい値段です。すべての専門店が紙の目録を作っているわけではありませんし、紙の目録を出しているところでも、あえて載せない情報があるようです。

また、ある分野に特化している専門店、とくにすでにその名が知られている有名店は、わざわざ手間をかけて目録を作る必要がない場合もあります。言ってみれば、目録はほかの業者やセミプロのマニアにこちらの手のうちを明かしてしまうようなものです。ですから、価格に鋭敏な業者ほど目録作りには慎重で、そのため目録を作らなかったり、作ったとしても、本当に貴重なものはそこには載せず、そっとなじみの顧客に売ってしまったりします。

目録は年に二回とか四回とかのある程度の間隔で作成し、顧客に郵送するものです。したがって、品物を一定の期間寝かせておく必要が出てきます。本当ははなから店頭で売ったほうが面倒が少なく、商売の回転も早まります。けれども専門店では、そもそも店舗をもたない業者も多いですし、また郊外の小型書店の場合は、店舗があるとはいっても専門的な品揃えは難しくなります。また、少しずつ売ったのでは店としての商品構成が薄まってしまうので、特集主義で品揃えしたいと考える本屋は、類書が集まるのを待って目録を作るのです。

神田神保町など専門的なお客様が多く集まる地域の店舗には、印刷目録を作らずに店頭販売を中心にしているところも数多くあります。そうした店ではなじみの顧客を相手に商売をしているので、価格体系は安定していると考えられます。専門店の店頭価格はかなり信用できるものですが、古書店の値段はほとんどの場合本の内側に書いてあります。だから、実際に手に取って開いてみないと確かめることはできません。顔なじみの同業者が互いの店で、次々に本を開いて価格を調査することなど、無理な話です。それに本当に珍しくて価値が高いものは、そもそも店頭には出していないかもしれません。

かつてであれば、古本の相場についてはここまでの話ですんでいました。次項からは、この十年で新たに出てきたネット価格の相場について述べていきましょう。

ネット価格

最近ではネットオークションやネット書店などで売られている値段は、すぐに調べることができます。以前は売れればデータが消えてしまい、過去の値段や実際の取り引き価格が不明のケースが多かったのですが、いまや数年前までの取り引きの記録を閲覧できるサービスも始まっています。

こうしたサービスを利用すれば手元にある本の相場を知り、出品したときにいくらくらいになるか予想がつきますし、時間順にデータを並べると、値段が上がっているのか下がっているのかもわかります。

「Amazon マーケットプレイス」などの大手通販サイトの出品価格を記録しているサイトもあり、商品ごとの最低出品価格と出品者数を比較すれば、実際にいくらで売買されているのか、見当をつけることができます。例えばネットに十万円で出品されているものがあるとすれば、同じものを売りたいときには、それより少し安い八万円から九万円なら売れるだろうと考える人がいます。けれども、ここで気をつけなければならないのは、そもそもの十万円という値段は誰かが試しに付けただけかもしれないということです。本当の相場は一万円程度の可能性もゼロではないわけです。

それを確かめるには、前述の過去の出品価格と出品数をデータ化しているサービスを利用します。それを見れば、どのくらいの価格で実際に取り引きが成立しているのか一目瞭然です。仮に最低価格が二万円以上のときに出品数が増えて、二万円以下のときに減っているとすれば、二万円が実際に売れる分岐点になるわけです。

ネット価格を見る際のコツは、残っているのは売れていないものだということです。つまり、実勢を無視した価格である可能性が高いので、注意が必要なのです。

また、短期間に価格が大きく上下しているケースもあります。これは、特定の顧客を対象にした値付けではないので、売り手のほうも価格に責任をもつことなく、信用を気にしたりしていないために起こる現象です。

その意味で、自前のウェブサイトをもっている店からの出品であれば、店主がきちんと責任をもっていて、店への信頼性を落とすような価格は付けていないはずです。他方、誰もが出品できる大手通販サイト、とくにオークションでの売買になると、そこでの値段は売り手が付けたものというよりも、たまたまそうなっただけです。本の価値を正当に表す根拠は示されていなくて、落札価格から単純に売価を導く計算式があるだけかもしれません。

2▼▼▼適正価格とは何か

何を価格参考にすべきか

では、われわれは店頭価格を決める場合、いったい何を参考にすればいいのでしょう。

売れる可能性がある価格と適正な価格というのは、また別のものです。

市場の相場や他店での価格、ネット上の価格は参考になりますが、それは結局「他人の価格」です。それぞれの取り引きの現場で、そのときどきの理由があり、実際に取り引きされた値段であることは確かですが、それがそのまま次の取り引きの際にも有効だとはかぎりません。

次に紹介するのは数年前、当店で実際にあった話です。

従業員が洋書の音楽辞典に一万円の値を付けました。ありふれた音楽辞典で、私が見たところ、せいぜい二千円程度のものです。一万円の値を付けた従業員にその根拠を問いただすと、「Amazon マーケットプレイス」ではそれくらいの値が付いていて、「これで最低価格です」と言います。しかし、私がアメリカのサイトで調べたところ、なんとわずか一セントで出ていました。

海外のサイトまで確認する人はごく少数派でしょうから、「Amazon マーケットプレイス」での最低価格を参照して一万円の売価を付けることも、あながち無理ではないでしょう。しかし、一セントのものを一万円で売ったのでは、店の信用に関わります。とうてい、その値段で売ることを許すわけにはいきません。

店頭の相場感とネット価格の齟齬

古本屋は自分が付けた値段の根拠を、お客様にきちんと説明できなければなりません。

店頭に置く本は、ほぼ見た目どおりの値段です。著者の来歴や版元の出版社から、発行部数の見当もつきます。そもそも古本屋をやろうという人であれば、少なくとも得意分野の本については、おおよその価格体系が頭に入っているでしょう。

ではそうした価格体系は、何がもとになって作られたのでしょうか。一言でいうと、その本が社会でどれくらい求められているかという、需要と供給の関係です。

比較的最近の本であれば、まず定価が基準になります。本の定価は発行部数が少ないほど高くなるので、定価が高い本はすなわち供給も少ない本なのです。それでも出版社が世の中で必要とされる部数より多めに出していれば、版元には在庫が余っているはずです。この場合は、定価以下での取り引きになります。逆に、その本を求める人よりも市場に出回っている本の数が少なければ、本は品切れになってプレミア付きで取り引きされることになります。

古書店での人気がどれくらいなのかは、古書市場をみていればおおよその見当がつくようになります。つまり、新刊の際の発行部数と市場での札の入り具合を勘案すれば、おのずと売価が想定されるわけです。

もちろん、それからはずれるものもないわけではありません。その場合は、例えば途中で発禁になったとか、改訂版が出たなど、何らかの理由があります。そうした個々の事情を広く把握することが、すなわち相場を覚えることにつながるわけです。

見たとおりの値段のものは、誰でも比較的簡単に値付けができます。しかし、古書業者からみて、「本をよく知っている、相場に詳しい人」といえるのは、個々の本の〝例外事情〟に強い人を指しています。この本の価値はこれこれだときちんと根拠を挙げて説明できるのであれば、いくらの値を付けようと、それは各自の自己責任で、問題はありません。それに納得するお客様がいれば売れるでしょうし、誰にも納得してもらえなければ売れ残るだけです。

前出の洋書の音楽辞典の話に戻れば、時間の経過とともに内容が陳腐化する事典類であること、大部数を発行する大手出版社の刊行物であること、類書がたくさんあること、すでに年数が経過していて新版が出ていそうなことなど、客観的な事情から、その本自体の取り引き価格を知らなくても、価値が高いものではないことが推理できました。それでも、何かしら例外に相当する根拠を示すことができるのであれば、一万円で売ることも可能だったかもしれません。けれども、くだんの従業員はネットの値段を参照しただけでした。

もっとも、そんな彼もいまでは独立して、自前のウェブサイトを作成し、得意分野の本に解説をつけたりして商売をしています。要は、古本屋稼業も勉強の積み重ねが大事だということです。

店頭と通販の二重価格

ネット価格は、いわばほかの業者との直接対決になります。他店の動向によって価格が激しく変化するのが、ネット販売の特徴です。通信販売では、直接、本を手に取ってみることができないので、状態や見た目の違いをストレートに値段に反映させるのが難しい面があります。

オークションサイトの価格は、言ってみればその場限りの価格です。デジタルな情報は、その一点にしか適用されません。ネットはその意味でも、「競争価格」になっているわけです。

それに対して、店頭売りの値段はそのものの価値を表しています。そのため、店頭価格は比較的安定したものになっているのです。店頭価格を頻繁に変動させると店の信用にも関わります。

ガラ（本の見た目）やシリーズなどによって（本屋の好みで多少の誤差はありますが）、だいたいの相場が一定しているのが、店頭価格です。したがって、一、二年かけてじっくり売っていくことも想定しながら、責任をもって自前の値段を付けていきます。また、店内のほかの本とのバランスも考慮してその店の価格体系にのっとって付けていきます。

つまり、オークションやショッピングモールなど、他店との関係のなかで形成される価格と、店頭やウェブサイト上など、ほかの在庫とのつながりのなかで形成される価格とは、まったく違ったものになります。この差異をどのように調整していくかは、今後の古書店の経営方針を決めていくうえで重要な点になるでしょう。

ネット通販と店売りの両方をやるメリット

現在の古書流通の仕組みのなかでは、店売りとネット通販の両方を同時にやっていくことを勧めます。そのほうが、どちらか一つに絞るよりもメリットが大きいからです。

まず、店頭売りだけのメリットは、来店するお客様と直接、コミュニケーションをとりながら商売ができることでしょう。しかし、それではおのずと来店者数は限られてしまいます。とくにレアな貴重本を広くアピールしたい場合は、分野を絞ってマニア向けの専門店としてやっていく道もありますが、全国に散らばった少数の人を店頭に集めるのはなかなかたいへんです。

では、オークションや大勢の人が出品している大型通販サイトだけで商売するのはどうでしょうか。その場合に難しいのは仕入れです。現実の店があれば店の個性は見た目にも打ち出しやすく、どういう本を集めようとしているのかがお客様にもすぐ伝わります。

しかし、検索サイトでは自身の個性的な商材も、すべての出品者による在庫の大海のなかに投げ込まれてしまいます。これでは「店」としてのアイデンティティーを保つことができません。店を認知してもらって買い取りに結び付けることができないので、ネット上の広告を中心とした方法で頑張らなければならなくなります。ところがネットの性質として、少数の勝者の陰に多数の敗者を生み出すようになっています。ごく一部の強力な業者は大規模な買い取りに成功していますが、ネット上の広告による買い取りは多くの古書店が共存するのには向かないようです。

また、検索サイトの取り引きは常に最安値です。一般のお客様からの買い取りが少ないからといって、市場で本を仕入れようとしても、先に説明したとおり交換会は最も高く入札した人だけが買える仕組みです。つまり市場で本を集めるつもりなら、高く売る工夫ができないと利益が出ないのです。

同じネットでも、自店のウェブサイトなら少し事情が違います。店と同じように、在庫を並べて店の特徴を出すことができます。検索サイトでヒットした本を買ってもらうためには、常に最安値にしておかなければなりません。しかし、自店の専用ページでは商品同士の横のつながりを作れるので、必ずしもほかの店と比べて最安値ではなくても買ってもらえます。店のアイデンティティーがあるので、品揃えで勝負して上手に個性を出せれば、お客様からの買い取り要請も大いに期待できるでしょう。しかし、ウェブサイトを見にきてくれるお客様は、オークションや検索サイトに比べてはるかに少数なのが弱点です。そのため、絞り込んだ品揃えで顧客にリピート買いしてもらうには向いていますが、さまざまな品物を満遍なく売ることはできません。

以上のようなことから、これからの古本屋は現実の店舗と通販サイト、オークション、自前のウェブサイトなどを組み合わせていくのがいいと思われます。そのほうがお客様にとってのメリットも大きいからです。

ネットで見たものを店に直接、見にいくことができるのは、お客様にも大いに歓迎されるはずです。とくに珍しいものや高価なものに関しては、直接手に取って確認してから購入したいと考える人が少なくないはずです。とくに古本のように一点ずつ状態が異なり、しかも高額なものとなると、通販で買うのはリスクが伴います。予想していたものと実際の状態とがまったく異なることもないとは言い切れません。お客様にもその点が最も気になるところでしょう。だからこそ、ネットと店頭売りの二本立てでやるメリットがあるわけです。

また、ネット上に自店の在庫のラインアップ情報を流すことによって、店頭に置いておいただけではなかなかお客様の目につかない類いの本も、多くの人に発見してもらいやすくなり、それだけ早く売れるチャンスが広がるというものです。

このように、店頭売り（アナログ）とネット通販やウェブサイトなどによる販売（デジタル）を組み合わせて売り場を複数にすることによって、価格帯による顧客のセグメント化が容易になり、売り方にもバリエーションをつけやすくなります。つまり、低価格品は店頭で簡単に、中間価格帯のあまり珍しくないありふれた本は一般的なショッピングモールに最安値で出品し、高額品は自前のウェブサイトに写真付きで掲載して、同時に店頭で実際に手に取ってもらって対面販売できるようにするのです。

当店でも、二本立てで商売をしています。通販はおもに「日本の古本屋」と「Amazon マーケットプレイス」を利用していて、品物は一部を除いて店に並べているものです。つまり、店頭品と通販品は重複しています。

それぞれの平均の販売価格をみてみると、「日本の古本屋」での販売単価は五千円から七千円程度で、「Amazon マーケットプレイス」では二千円から三千円程度です。店頭では最低価格五十円の文庫本から数万円の本まで売れますが、平均単価は五百円から七百円程度になります。「日本の古本屋」のように受注や発送、代金回収に手間がかかる売り場では、あまり安い本を扱っていたのでは商売になりません。なるべく高価なものを出すようにして単価を上げます。一方、店頭では三十秒もあれば取り引き終了になるので、五十円、百円の本も取り扱いが可能です。

このように売り場の特性に応じた品揃えにしていくことによって、下は五十円から上は数十万円もする本まで満遍なく扱える本屋になりました。店売りだけではとても売れなかったような本まで扱えるようになったので、メリットは大きかったと思います。

開店当初には考えられなかったことですが、いまは数万円の本が店頭で売れることも珍しくありません。高額の本を一目見てすぐに買う人はやはり少数です。店頭で高価な本を買ってくれるお客様は、あらかじめ「日本の古本屋」などのサイトを通じて当店にそうした本があることを知って来店するケースがほとんどなのです。店頭で現物を確認してから購入を決めるわけです。

通信販売だけで商売をしていても、こうしたことは起こりえないでしょう。商売の比重はネット通販のほうが大きいとしても、現実の店舗をもっていたほうがお客様にとって安心材料になるし、買い取りにも有利にはたらきます。

通販に力を入れる理由

一九九二年の開業当初、当店は通信販売にあまり積極的ではありませんでした。その頃はまだインターネットも普及していませんでした。当時から当店は「電脳古書店」を標榜していましたが、念頭にあったのは、コンピューターは在庫管理や情報発信のために補佐的に使いながら店で本を売っていこうというスタンスでした。

二〇〇一年に「日本の古本屋」に参加はしたものの、当初は売り上げの面ではあまり期待していませんでした。ところがその後、近所に全国展開をしている新古書店の直営店が出店してきて、売り上げが四割ほども落ちてしまいました。一般書がほとんど売れなくなってしまい、何か手を打たなければとても採算がとれない状況に陥ってしまったのです。

そこで、「日本の古本屋」を強化するとともに、「Amazon マーケットプレイス」での販売を始めたわけです。それまでにも、価格調査のために「Amazon」のサイトはよく見ていたので、どのようなものが売れるのかはだいたい見当がついていました。それもあって、「Amazon マーケットプレイス」での売り上げは思惑どおりに推移していきました。とはいえ、参入当初は不慣れなこともあって、ある意味で極端な「Amazon マーケットプレイス」の値付けに戸惑ったのも事実です。

第７章　商売と古書店

１▼▼▼商売とは何か、なぜ利益を上げられるのか

商売とは何でしょうか。なぜ、何も作り出すわけではなく、ただ仕入れたものを販売するだけで利益を得られるのでしょうか。

商人がやっているのは、買い手がその品物を入手するまでの流通・取り引きの代行です。本人がやるよりも少ないコストで入手できるサービスを提供するのが商人の仕事です。その差額の一部が利益になるわけです。

リンゴを買うこと一つとっても、品物や生産者に関する知識、産地までの往復の運賃、あまたあるなかから最適の品物を見つけ出す手間、それらに費やす時間など、さまざまなコストがかかります。取り引きには、品物の代金以外にもたくさんの取り引きコストがかかっています。これらのコストは、もし商人が間に入らなければ膨大なものになるでしょう。

そこで、安心して購入することができる商品を近隣の商店に用意してもらったほうがいいわけです。リンゴそのものの価格は産地で直接買うよりも高くなりますが、それに費やす時間や労力などもトータルで考えると、そのほうがずっと安上がりになります。

また、大勢の分をまとめて買ってくるからこそ、一人あたりのコストを下げられるのです。つまり、経営規模が大きくなればなるほど、取り引きコストは相対的に安くなります。

同じペットボトルの飲料水が、スーパーよりコンビニ、コンビニより自動販売機のほうが値が上がっても、それぞれに需要があるのも同じ理由です。徒歩十分のスーパーまで歩いていってレジに並ぶ手間を考えれば、数十円高くても家の前の自動販売機で買う便利さを選択することもあるのです。

当店では、「時代に寄り添いながらも、次の時代のための選択肢を用意する」ということを店のコンセプトにしています。他人が作った相場に寄り添いながらも、自分で相場を作り出すことが大事です。未来はいつでも過去のなかに潜んでいて、それを誰かが発見するのを待っているのだと思います。

一冊の本に新たな価値を見いだして、次の世代に残すべき本をきちんと手渡す――ここに私が何十年も変わらずに持ち続けている古本屋の使命があります。

商売は、いらないものをほしいものに変えること

読者のなかには、商売は顧客のニーズに応えるものだと思っている人もいるでしょう。実際その

ようなことを言う経営者も多いですし、そう書いてある本もたくさんあります。

しかし、商売の本質は「いらないものをほしいものに変えること」だと思います。

それは押し売りのように無理強いしたり、詐欺のようにだまして売ることではありません。本人の意志で買っていただくためには、そして買ってよかったなと思っていただくためには、まず、そのものをほしいと思ってもらう必要があります。そのほしいという気持ちを作ることが、商人の大事な仕事なのです。

まずニーズが先にあって、それに対応して商品を用意するのは、「商売」ではなく「配給」です。商売では、まず商品があって、それがニーズを生むのです。

例えば昨今では、スマートフォンをもつ人が増えています。スマホは誰もがほしがるものです。でもこれも、インターネットがあってはじめてスマホに消費者の関心が向いたのです。ネットがない時代には、誰もスマホをほしいなどとは思いませんでした。

電話がない時代には、隣の家から回ってくる回覧板と遠方に出す手紙だけで十分に生活が成り立っていました。電話が引かれ、携帯が普及し、いまや常時ネットに接続したスマホの時代になったわけですが、このように次々と新商品が提案されることによって、それがほしくなり、一度手にするともうそれなしでは困るという環境が形成され、また新しい商品が出てくる素地が作られるのです。

このことは、現代のようにものがあふれていない時代のことを考えてみればはっきりします。目の前にあるものしか知らなければ、それ以外のものへの欲望が生じるはずはありません。商人が遠方から持ってくる珍しい食べ物や道具を見て、はじめて欲望がかき立てられるのです。

次々に新しい商品を普及させ、社会を変えてきたのは商人の力です。実は私は、社会の進歩に最も影響力をもっていたのは、権力者でも発明家でもなく商人だったのではないかと考えています。

現代人は何かがほしいという気持ちが非常に強くなっています。巷には商品があふれていて、何を買っていいかわからないほどです。しかも、たいていのものはすでにもっていて、どうしても必要だというものはほとんどありません。

あなたが買うべきなのはこの商品ですよ——と消費者に教えてあげるのが商売の核心です。人間は誰でも必ず何か欠けたところがあります。しかも、自分ではそれが何かなかなか気づきません。商品を購入するということは自分の不足を埋めることです。あなたにはこれが欠けていますよと教えてあげれば、そこを補塡するための商品がほしくなります。あなたは十分美しいと思っているかもしれないけれど、もっときれいになれる、いまのあなたには美しさがまだ欠けている、だからこの化粧品を買いなさい——これが化粧品を売るときの店の常套句であることは、女性なら誰でも知っているでしょう。

そして、たいていの消費者はものを買いたいという欲望をもっているだけでなく、それを刺激されることを好みます。最も強く欲望を刺激するのは商品そのものです。そこで、わざわざ街に出てデパートをのぞいて、たいして必要ではないものへの欲望を自らかき立てていきます。家にこもっていれば、あるいは野山を散策していれば、存在さえ知らなかったものが、商店で商品に触れたためにほしくなるといったことは、よくあるのではないでしょうか。そして、買い物がきらいな人はごく少数派ではないでしょうか。

商人は商店に商品を並べることによって人の欲望をかき立てますが、消費者はわざわざ欲望をかき立てられるために商店を訪れるのです。

昨今では、通信販売の隆盛によって小売店が危機に陥っているといわれています。こうして消費者が商品に直接触れる場所や機会が減ってしまうと、社会全体の欲望の水準が下がってしまうのではないかと、私はひそかに危惧しています。

2 物販業としての古本屋のビジネスモデル

古本屋は物販業

古本屋は物販業です。品物を仕入れて販売する――骨格だけをいえば、物販業者がすることはこれだけです。

品物を仕入れて販売する。その間にも仕入れをし、また販売する。商品をきちんと陳列したり、売り上げの記録をとったりするのも、品物を仕入れて販売するためです。

こうした販売の基本は、古本屋もほかの一般的な物販業と何ら変わるところはありません。違いがあるとすれば、ほかのほとんどの物販業ではまったく同じ商品が多数あるのに対して、古本屋で扱うものは、ほぼ一アイテム一商品の〝一点もの〟に限られていることくらいでしょうか。

その点を除けば、古本屋の経営もほかの商店の経営と基本的には同じです。多くの販売業者が培ってきたテクニックは古本屋にも応用できます。むしろあとに述べるように、書店がおこなってきた販売方法はほかの現代的な物販業の先駆けになった面があります。

これは何も商売に限ったことではありませんが、いったん確立された完成度が高い方法を、のちに変えていくのはなかなか難しいことです。最初は先頭を走っていても、その後の工夫を怠って旧態依然としたやり方を続けていると、いつの間にか後続の走者に追い越されてしまいます。これはどんな世界でもよくあることです。当初はすばらしいやり方と思われていたものほど途中から変えるのが難しく、かえって足かせになってしまうこともあります。

戦後の新刊書店のありようがまさにそのことを教えています。委託販売と再販制度という仕組みによって、国内に無数にある出版社の何十万種類もの本を日本中どこでも同じ値段で手に入れられるようになりました。出版社—取次店—小売書店というルートで、総出版物のおよそ半分が自動的に全国の書店に配本され、読者が手に取れるのです。

取次店と小売書店のマージンはそれぞれ一〇%程度と二〇%から二五%程度で、非常に安く効率的に本が流通する仕組みです。出版社は書店の店頭をある意味で倉庫代わりとして、少しずつ売れる本を長期にわたって絶版にせずに販売できましたし、それによって書店のほうも低いリスクでさまざまな本を置くことができたのです。この仕組みが日本人全体の教養を支えてきたことはまちがいありません。

けれども大手取次店の情報・金融・物流に頼るこの仕組みは、あまりにもよくできていたために、かえって各書店による創意工夫を妨げることになりました。その結果、品揃えが取次店の配本にすっかり頼りきりで、新刊書店はどこも同じような本しか置いていないということになりました。

一九九〇年代の読書傾向の多様化の時代まではうまく対応できましたが、注文から入手まで最短でも一週間程度かかる流通経路がネックになって、朝に自宅のパソコンから注文すればその日のうちに宅配されてくるというような、昨今のネット通販には対抗するのが難しくなっています。

さらには、リアル書店が経営上の工夫を凝らそうにも、書店のマージンは二〇％程度と決まっているので、その原資がありません。

一方で古書店は、大手取次店が采配を振るう既存の「正常ルート」からはずれています。それにはいきさつがありました。

車やオーディオ、ＣＤなど、いわゆる中古市場が形成されている分野では、中古専門店もあれば、新品と中古の両方を扱っている店もあります。また海外には、新刊と古書の両方を扱っている書店も珍しくありません。

日本の書店もかつてはそうでした。しかし、一九六〇年代後半から七〇年代前半に不正返品の問題から、大手取次店によって古書店と新刊書店が切り離されてしまい、現在では取次店との取り引き口座をもちながら古書も扱う店はごく少数に限られています。

そのため、古書店は取次店をはじめとする大手の関連企業とつながりをもつことなく、その分、自由に商売を展開することができました。しかし古書店のビジネスモデルは、日本人が同じ土壌に育まれた一つの教養を共有していた高度成長期に作られたものです。一九八〇年代以降、価値観が多様化した時代にうまく対応することができなかったのも、また事実です。

そして、いまや古書店は社会の変化からすっかり立ち遅れてしまいました。けれども、多くの古書店が時代にマッチした経営上の方法論を確立していないいまだからこそ、逆にこれまで培ってきた小売業三十年の成果のいいところだけをうまく取り入れて、一歩先に進んでいくチャンスも残されていると思うのです。

ネットが変えた古本取り引きのコスト

古本は売り値に対して取り引きのコストが非常に高い商品でした。そこに多くの古本屋が商売を成り立たせる秘密がありました。

例えば、お客様が三千円である本を見つけたとします。ほかの店では二千円で売っている可能性もゼロではないでしょう。しかしその「ほかの店」を探し出すまでに十時間を要したとすれば、千円を稼ぐために十時間使うことになります。これでは、かかった労力にとても見合いません。

そこで、お客様のほうもこの程度の価格の違いは見逃すのが普通で、各古書店は価格競争をする必要がありませんでした。

実際、古書店側も他店の価格調査など簡単にできることではありません。したがって価格競争があったとしても、差異は一％単位の細かいものではなく、二倍ぐらい幅をもたせた範囲が「相場」になっていたのです。

商人の役割は取り引きにかかるコストを代行することだと説明しました。しかし、商店まで品物を持ってきても、買い手の取り引きコストはゼロになりません。

たくさんあるリンゴのなかから好みのリンゴを適正な価格で買うためには、リンゴや青果店に関する知識が必要です。これらを調べるのにも、時間や手間がかかります。また、商店までの往復や商店のなかでかかる時間もあります。交通機関を使えば運賃が、カードを使えば手数料が必要です。これらのリンゴの代金以外にかかったコストが取り引きコストです。

同じ商品が一つしかないという事情によって、古本はこの取り引きコストが膨大な商品でした。数が少ないために、探すのが非常に難しいのがそのおもな理由です。買い逃すと再び出合えないレアアイテムと同じです。商人の仕事は取り引きコストの代行ですから、古本を見つけて買ってくるという専門の仕事があったほどです。

取り引きコストが高い商品は、売る側にとっても売りにくいものです。売る側も買い手を見つけるのに苦労します。そこで、その分を本の価格に乗せていました。

ところがインターネットと宅配便によって、この取り引きコストが劇的に下がりました。ネットならほんの数秒でほかの本屋の値段と比べられます。苦労して何軒も古本屋を渡り歩かなくても、検索サイトでキーボードをたたけば、いながらにして全国の古書店の在庫状況を見ることができます。これらを取り寄せるのには送料がかかりますが、足で歩いて探すのとは比較にならないぐらいの低いコストです。

ネットの普及によって古書相場がずいぶん下がりましたが、取り引きコストが下がったことにより、本と読者の出合いが容易になったからです。

ネット検索は古書店の側にとっても利用価値が高く、他店の価格をすぐに調べられるので、価格競争のコストもかなり下がりました。

これまでは古書市場（交換会）での落札価格をチェックすることでおおよその相場を把握していましたが、いまやネットで瞬時に個別の価格を調べられます。それだけに大雑把な値付けは許されず、十円、一円といった小さな単位まで正確に価格設定をすることが求められています。

だからといって、何でも単純に安くする価格競争に巻き込まれてしまうと、利益を出すのが難しくなります。他店の価格情勢を見極めながら、自分の価格を付けられる独自性をもつ古書店でなければ、ビジネスの勝機はめぐってこないでしょう。

第8章　古本屋の新しいビジネスモデル

「ビジネスモデル」とは利益を出す仕組みのことです。古本屋も商売である以上、利益を上げなければ成り立ちません。その利益で店主や店員が生活できてはじめて、商売を続けられます。また、利益が上がるということは、利益をもたらしてくれる人、つまりお客様の役に立っていることを意味します。実際にお金を使ってもらい、そして、使った分に見合うだけの何かをお客様にお返しすることができてこそ、商売といえるのだと思います。

ここで古本屋のビジネスモデルをいくつか取り上げてみましょう。

1▼▼▼セレクトショップ型

昨今流行の古本屋のスタイルとして、セレクトショップ型が増えています。

かつて古本屋というと、うずたかく積まれた本の隙間から店主が顔を半分のぞかせているような店が多くありました。「こんな本ありませんか？」とたずねると、「確かそのあたりにあったはず」などと言って、積み上げた本を三十分もかけてどけては、探してくれたものです。

しかし、最近の若い店主がやっている店は、妙にすっきりした印象の店構えになっています。棚そのものもぎっしり置いてあるわけではなく、全体がおしゃれなセンスで整えられています。絵本や写真集がカバーを表にして飾られているなど、少しでもたくさん商品を並べようという陳列方法ではありません。

普通に考えると、商品の数（アイテム数）が多いほど売れる確率も高くなるはずですが、セレクトショップ型の本屋では、たくさんの数の本を置くよりも美しい陳列を重視しています。それは、提案型の商売をしているからです。セレクトショップでは、「この商品を買うといいですよ」という提案をしています。もちろん、従来の古書店でも商品を買ってもらいたい気持ちは同じですが、こちらは、こんなにたくさんある（あらゆるアイテムがそろっている）商品のうち、どれを選んでくださっても大丈夫です――というスタンスです。

このような品揃えを維持するためには、店主（あるいは店の品揃えを任された店長）は常にアンテナを張りめぐらせて、クリエーターなどの動向に注意を向けていなければなりません。流行が作られる現場をウオッチして、いつでも後れをとらないようにしておくのです。

ここで忘れてはならないのは、セレクトショップでは本を安く売ることはできないということです。通常の商品であれば売れる数を見込んで仕入れたり製造したりするわけですが、古本はもともと希少性がその価値を決めています。その一冊を売ってしまえば、かわりの品はもうありません。

もちろん仕入れに努力しますが、ほかの店より安い値段で売ってしまうと、その分野の品揃えはすぐに枯渇してしまいます。本を集めるためには古書市場で高めに仕入れることなので、そもそも安売りなど無理なのです。

値は少し高めでもこの店で買ってやろう――そういうお客様（＝ファン）を多く確保するのが、セレクトショップ型の成功の秘訣です。そのためには、店主は常にセンスを磨いて情報網を張りめぐらせる努力が欠かせません。

セレクトショップの経営方法

セレクトショップ型は「個性派古書店」ともいわれ、店主のセンスで集めた本を売る店です。いわゆる専門店は、既存の顧客のコミュニティーに沿うように在庫を構成していますが、セレクトショップの場合、店に先立って顧客のコミュニティーがあるわけではないので、店主自身が顧客を開拓していかなければなりません。店主の個性が人を集めるといってもいいでしょう。

とくに本好きというわけではない一般の人向けの新古書店の台頭によって、従来型の古書店は普通の顧客を失いました。けれどもそれがむしろ、特殊な顧客だけを想定した趣味的な経営を成り立たせる新たな可能性を開いたのです。その意味では、個性派古書店は従来の古書業界の人脈から発生したものではなく、新古書店へのアンチテーゼとして発生したともいえるでしょう。新古書店は一般書の専門店なので、その枠ではくくれない、そこからはみ出す本が世の中にはたくさんあります。そういう本を店主の選択眼によって選んで置くのが、セレクトショップ型の古書店です。

セレクトショップ型＝個性派古書店は、リアル店舗だけでなくウェブサイト上でも作れますが、この場合、シナジー効果をねらったものが多いようです。

こうしたセレクトショップ型のビジネスモデルを採用するにあたって、重要なのは店のコンセプトを決めることです。個性的な店にするためには、店自体を劇的空間として演出する必要があります。どんな内装にするかなど中身を伝えるセンスが問われます。

もちろん、最も重要なのは品揃えで、「引き算の棚作り」を心がけます。世の中にたくさんある本のなかで、何を置かないか――つまり、マイナスの品揃えです。店に並べるものは〝お勧めの本〟に限ります。しかも、ダラダラと並べてはいけません。何らかのテーマに沿った陳列になるようにして、棚には文脈を作ります。美術館でいうキュレーションのようなものです。

お客様に伝わらない価値は、存在しないのと同じです。いい本を置くだけではダメで、この本がなぜいいのかというアピールが欠かせません。そして、「この店で買ってよかった」とお客様に思っていただくことが、何よりも大事な点です。何を買ったかはもとより、その店で買ったこと自体が豊かな経験になるように配慮しているようです。目に見えない満足感を同時に売るのです。そうでなければお客様は満足してくれません。

ですから、出店場所も重要です。商店街の二階などで、隠れ家レストランのように営業している店も多いようです。店内の調度や照明、音楽など雰囲気にこだわりをうかがわせるのも、このタイプの店の特徴です。当然、サイトも個性的な印象を与えるような作りになっています。

セレクトショップでは、ターゲットになる客層を絞ることも重要

普通は自分と趣味が近い人をお客様として迎えるのが一般的です。

本屋は商品の数自体が膨大なので、商品知識として本の内容を覚えていくのは限界があります。ですから、自分の読書体験を基礎にして品揃えをしていくわけで、その品揃えに共感してくれる層をターゲットに据えるようにするといいでしょう。

ねらうべき分野

昨今の流行はビジュアル系の本に偏っています。また、古典といわれるような本は著作権が切れているので、ネットを通じて無料で読めるようになってきました。今後、ますますその範囲が広がっていくのは明らかです。

このようなことから、古書店が扱う品目はネットに載りにくい「本の質感」や「大判の一覧性」に向かいつつあります。本の情報が簡単に手に入るようになったことで、むしろ現物がほしいというニーズは高まっているようです。そのなかで美術書など「画像と現物の差が大きいもの」が、古書でも人気となっています。

しかし、この分野にはすでに多くの業者が参入しています。これから新規で商売を始めるなら、それ以外の分野をねらうほうが得策かもしれません。

リピート客を増やす

店の経営にとっては、新規のお客様を獲得するよりも、リピーターを増やすことのほうが大事なことです。一度、来店したお客様を再び「顧客」として迎えることができるかどうかが、成功の鍵を握ります。

「Amazon マーケットプレイス」などのネットモール類を使っていくら本を買ったところで、お客様には、その店で買ったという自覚は少ないでしょう。サイト全体としての顧客サービスには努力していますが、個別の店がリピート客をつかむための仕組みはまったく用意されていません。モールのインフラなどが変化したときに大打撃を受ける可能性もゼロとはいえないでしょう。

イベントを主催して、人と人との出会いを演出

消費者は物としての商品を買うだけではなく、店主の人格をも合わせて買っている面があります。したがって、イベントを主催すれば、売るべき人格をゲストに代行してもらうことができます。その意味でも、イベントを開催して人と人との出会いの場を作り、自ら演出していくことがとても有用だと思われます。

個性的な棚作り

個性派古書店の品揃えや店内の棚作りは、「政治」「経済」「歴史」などという、一般的な基準で

分けてはダメです。ここで求められる基準は、例えば本を美しく見せることです。また、本に意味付けをすることでもあります。その本にどんな価値を見いだすのか、店主の価値観や世界観が棚に表れていなければなりません。

当店では、「二次元陳列」ということを意識しています。そもそも古本屋は限られた空間なので、例えば人類学のコーナーを作ろうとする際、基本的な本を完璧にそろえた棚作りは不可能です。そこで、「人類と言語」「人類と音楽」「音楽と女性」など、二つのキーワードが交差するように一つの棚を作っていくのです。そうすることで、実際は「いまある本」を並べ直しただけでも、あたかも意図的に本を集めたかのように演出できるのです。

古本屋では、図書館のように重要な本をずっと置いておくわけではありません。流動的な品揃えに意味をもたせて本の魅力を際立たせ、本の価値を再確認するのが仕事です。単純に知識を体系的に網羅した棚作りではなく、そのときどきの特集主義で本棚を組み立てていきます。その意味で古本屋の棚作りは、流行に沿うと同時に時代の先読みをする雑誌編集の仕方とも似ています。

セレクトショップ型の古書店を成功させることができる人は、強烈な個性の持ち主が多いでしょう。もともとクリエーター的な才能に恵まれているタイプなのです。

では、凡庸な人間には古本屋はできないのかというと、決してそんなことはありません。後述の「発見型総合古書店」は、平凡な人間がまじめに仕事をすることで切り開いていける可能性があるビジネスモデルです。

2▼▼▼自給自足型

郊外（神田以外）の古本屋の多くは、自給自足型の商売をしていました。自分の店でお客様から買い取った本を中心に扱っています。ほとんどの場合、広告や看板で古書の買い取りを宣伝していません。それだけ顧客からの買い取りを大事にしているということです。

一九六〇年代から二〇〇〇年ぐらいまでは、古本屋といえばそうした店がスタンダードでした。特徴は店の床面積が小さいことです。たいていは店内のいちばん奥に帳場があって、両側と真ん中に棚が一本。半分はマンガと文庫で、帳場の主人の側とその後ろにはわりと堅めの本が並んでいます。主人の足元には段ボール箱が置いてあり、レコード屋のようになかを繰って見られるようになっています。表向きは美術書ということになっていますが、実際には海外のヌード雑誌やエロ本なども含まれています。

こうした店では、売り上げの多くがマンガ・文庫・エロ本の三種で占められていました。店主の後方にある本は、いつ見てもほとんど代わり映えしない品揃えのままのことが多く、おそらくはあまり売れていないのでしょう。

けれども、その売れ行きがかんばしくない本が、実は重要な意味をもっています。それが例えばフランスの詩集であれば、その店は「フランス詩集の専門店」と名乗るのです。つまり、そこにある商品は売るためというよりも、むしろその店の看板の役割を果たしているのです。

看板商品は、買い取りのためになくてはならないものです。店の看板がなければ、マンガや文庫しか扱わない店だと思われてしまいます。看板になる本があってはじめて、本格的な古書店であることをアピールできるのです。

自給自足型の本屋は、店頭売りだけで商売をしているわけではありません。むしろ店は買い取りのための基地のような存在で、ほかにスーパーやデパート、古書会館などで催される即売会、目録を発行しての通信販売など、店頭以外での売り上げが大きな割合を占めています。そして、重要なのが、古書組合の主催する交換会（市場）への出品です。

高度な本や大量の本の買い取りがあったときは、郊外の小さな店では自力ですべてをさばくことができないので、中央の市場に出すことになります。市場にはあらゆる分野の専門店が集まっています。特殊な本や珍しい本を出品すれば、正当に評価されて、普段の売り上げとはまったく異なる値段が付くこともあります。通常の商売が給料に相当するとすれば、たまにめぐってくるそのような「いい買い取り」は、古書店にとってボーナスに相当するものです。

店を維持していくためには、当然、固定費がかかります。そのなかでも大きなものが家賃と人件費です。自給自足型古書店では、「店は買い取りの基地で、収入の大きな部分はほかで上げる」というビジネスモデルを基本とします。そのため、店の維持費は極力安くしたいものです。店舗面積を小さくし、店番の従業員は雇わずに家族で回すか短時間のアルバイトですませるのが一般的です。

しかし、郊外の自給自足型古書店は一九七〇年代以降の大量出版時代に乗り遅れ、九〇年代からの新古書店の台頭によって、もはや、実質的には息の根を止められたようになっています。これからはマンガ・文庫本・エロ本の三本柱に看板商品をプラスした小型店舗が生き残っていく道は、ほとんど残っていないといってもいいでしょう。

ただし、このビジネスモデルそのものが完全に終わってしまったとは言い切れません。実は、この商売方法は形を変えていまでも生き残っています。というより、ある意味で最強のビジネスモデルになりうる可能性も秘めていると私は思っています。その現代型のモデルが、次に述べる発見型総合古書店なのです。

3 ▼▼▼ 発見型総合古書店

発見型とはズバリ掘り出し物を見つける場。発見型総合古書店は従来の自給自足型古書店が発展したスタイルの店です。

例えばベストセラー本はすでに話題になっていて、一般の知名度も高い本がほとんどです。その意味で、発見型総合古書店にはそぐわない本だといえるでしょう。店内の主力商品としてベストセラー本を置かないのは、当然の選択です。

しかし一部の文庫は、むしろ発見型総合古書店向きです。近年、学術文庫・文芸文庫などと称されるシリーズが大手の版元から出版されています。これは従来からある岩波文庫や、平凡社ライブラリーに代表されるような文庫本よりも少し判型が大きなソフトカバー版の全書シリーズなどとともに、かなり専門書的な内容をもっています。発行部数も数千部単位のものが多く、従来の文庫本の十分の一以下です。発行後すぐに絶版（品切れ）になるものも少なくありません。その意味でも、発見型総合古書店で好まれるカテゴリーになるのです。

マンガに関しては、「週刊少年ジャンプ」（集英社）などのメジャー雑誌の作品ではなく、青林堂などのマニア向け出版社、あるいは大手出版社の大人向けラインの作品（たいていA５判で発行されている）が取り扱い品目です。一般書でいえば、人文書や一部ディープな読者を相手にした小説、その道を専門的に追求している人を対象にした本などは、発見型総合古書店の主力商品となりえます。

つまり、自給自足型商店の「看板」だった、実際にはあまり売れない品物をおもな売り物とすればいいのです。

かつてはほとんど売れなかったものを、どのようにすれば売れ筋商品に変えることができるのでしょうか。そのためには規模を拡大し、ある程度便利な場所や古書店街などに店を作って集客をはかる必要があります。

本の世界は広大で、どんなに巨大な書店でも、網羅的に本を集めるのは不可能に近いでしょう。現在、わが国に流通している書籍はおよそ七十万種類ともいわれます。絶版や版違い、雑誌、パンフレット、紙ものなどを含む古本の世界はその百倍以上あるでしょう。読者も、これだけ広大ななかから自分が読みたい本を見つけるのは容易なことではありません。それでも数万冊の本が並んでいる古書店なら、「何かが発見できる」期待は大きいのです。あらかじめ決まったものを「探す」のではなく、何かを「発見」してもらうようにうながすのが、発見型総合古書店の役割です。

そこでの最大の楽しみは、なんといっても「掘り出し物」を見つけることです。店がレコメンドしているような本ではなく、一見、片隅に放置されているような本のなかから、自分だけが価値を認める本を見つけ出すことには、本好きにはこたえられない醍醐味があります。

こんな本があったのかと、お客様自身に発見してもらうことに意味があるのです。あまたある本を漫然と並べたのでは、人々の発見をうながすことはできません。手に入りやすい本、内容が陳腐な本、類書が多いものなどを切り捨てていけば、並べるべき本はおのずと限られてくるでしょう。これがつまり、本の交通整理をするということです。

ポイントは価格設定を低く

発見型総合古書店でもう一つ大事なポイントは、価格設定を安く抑えることです。発見型総合古書店の商品は、ほとんどが「買い回り品」に相当する商品です。お客様は、他店舗やネットなどで相場を知っていることが多いでしょう。なかには、店頭でスマホ片手に調査をする人もいます。

ですから、相場より少し低めか、少なくとも相場どおりに値付けされていることが大切です。お客様はすべての本の値段を知っているわけではありません。たまたま一冊でも自分が知っている相場よりも高い値が付いている本を見つけたら、「ここは高い値を付ける本屋だ」と思い込んでしまいます。しかもそういう本はなかなか売れないので、ずっと店にあるので、それだけ多くの人の目に留まりやすくなります。

反対に、かなり安い値段を付けた本は転売目的の人がすぐに買っていってしまうので、そのほかの多くのお客様は、その安さを知ることがありません。だから、ちょうどいい値段を付けることがとても大切です。

掘り出し物に値するような本を安価に供給するためには、原則として仕入れはお客様からの買い取りを中心にせざるをえません。けれども、一般のお客様から幅広く買い取りをすれば、いろいろな種類の本を在庫としてそろえることができるようになります。そこで、自給自足型の発展形になるわけです。

発見型総合古書店はこれからのビジネスモデル

発見型総合古書店は、古書店の新たなビジネスモデルになりうる可能性を秘めています。

郊外の自給自足型の古書店はいま、生き残りをかけて変化しようとしている最中です。しかし、これだという決定的な店はまだ出ていません。一部は神田などの既存の古書店街に進出していますし、新たに本の街を作ろうとしている人たちもいます。とはいえ、そのほとんどは駅に近いありふれた商店街などの人通りがある場所で営業しています。

ある店は、外売りやネット販売を極力排して、店売り一本で勝負しています。そうすることにも意味はあって、ネット価格と店の価格体系の矛盾による混乱を免れることができます。ネットでは高値で売買されている本も、店頭では安く出している可能性を知ってもらうことによって顧客をつかむこともできるでしょう。これは、毎日変動するネット価格にわずらわされることなく、店の価格体系が決められるからできることです。

4 ▼▼▼ 専門店

専門店というと、専門書を扱う店だと思う人がいるかもしれません。しかし、専門店が扱う品物は専門書とはかぎりません。料理の本でもマンガでもかまいませんが、狭い分野の本を掘り下げて集める店が専門店なのです。

哲学や歴史などの人文系の専門書を広く扱う店は、厳密にいうと専門店ではありません。大正文学の初版だけを扱う店、自由律俳句だけを集めた店、あるいは自費出版の闘病記だけを集めている店といったように、限られた本を扱うのが、古本屋でいう専門店です。

専門店の多くが神田に集まっていると思われがちですが、もちろん神田以外の場所にもあります。雑居ビルの二階や住宅地のなかなどでひっそりと特殊な本を集め、目録などを発行して、少数の顧客相手に商売をしています。

特定の本を集めて高めの値段設定で売る点ではセレクトショップ型の商売と似ていますが、本を選ぶ基準が店主の主観によるのではなく、外部に客観的基準が存在するという点が違っています。

専門店ではアカデミズムや伝統など、もともと社会にある基準で本が選ばれています。つまり、分野を間違えなければ、はじめから一定の顧客を想定できるのです。要は、全国に散らばっている少数の顧客とどうやってコンタクトをとるかですが、そういう分野にはたいていコミュニティーがあるので、そこにうまく参加できれば、顧客開拓は意外に難しくありません。

難しいのはやはり品揃えです。その分野の専門家といっていい顧客を相手に商売をするので、生半可な品揃えでは満足してもらえません。毎日市場に通い、少しでも関連があるものを仕入れたり、引退した顧客から逆に買い戻したりして、新たな顧客に提供することも必要でしょう。

専門店を作る場合、どんな分野を専門にするかがきわめて重要です。まず競合する業者が少ないことが条件で、多少は重なったとしても、扱い品目のコアの部分は自分だけの専門であることが望ましいのです。

そして、一定数の顧客がいることも重要です。映画のノベライズ、全国の郷土料理、政治家の手記――どんなジャンルにもそれなりに顧客はいますが、商売には「それで稼ごうと思っている人をねらえ」という鉄則があります。読むことでもうけが出そうな本はよく売れるので、そうした分野がねらい目でしょう。

5 新古書店

新古書店という名称がいつ誕生したのか正確なところはわかりませんが、一九八〇年代前半には、すでに東京周辺にはブックオフや高原書店、伊藤書房など、ニュータイプの古書店があちこちで見られるようになっていました。このタイプの店は、ほとんどの本が新刊書の定価の二分の一を売価の基準として売っています。その多くが神奈川県相模原市、東京都町田市や八王子市など、隣接する東京のベッドタウンで始まったのは偶然ではないでしょう。地方都市では、もう少し前からのちに新古書店と呼ばれるような業態が存在していたようで、時期としては大量出版時代の本が蓄積されるようになった一九八〇年頃だと思われます。

高原書店では、それまで看板商品として店の奥に置いていた品物と、実際に多く流通する商品を別々のフロアに置くことによって、従来型の本格的な古書店の格式を維持しながら一般書の大量販売に成功していました。

ここでいう一般書とは、特別な愛書家やその道の専門家ではないごく普通の市民を対象とした本のことです。いわゆるベストセラーものなど、小説やエッセー、実用書の大半がこれに入ります。大型ビルの新刊書店なら、一階に置いてあるような種類の本です。

ブックオフは看板商品を完全に切り捨てて、「一般書の専門店」になることで新たな顧客層を開拓しました。内装や什器などを新刊書店と同じものにすることによって、従来は古書店を敬遠しがちだった女性や若者を取り込むことに成功しています。また、「古書」「古本」という言葉を使わないことで、従来の古書店とはまったく違った「新業態の書店」というアピールにも成功しました。

これらの新型古書店のライバルは従来の古書店ではなく新刊書店です。新刊書店に並んでいるものとほとんど変わらないきれいな中古本が定価の半額程度で買えるのですから、一部の消費者がまず新古書店を見てから、そこで見つからなければ新刊書店に行こうと考えたとしても不思議ではありません。

これらの新古書店に共通しているのは、大量出版時代に応じて、従来型古書店よりもはるかに広い売り場面積をもっていることです。従来の古書店は五坪から十坪程度が主流だったのに対し、五十坪程度が新古書店のスタンダードになりました（その後、売り場面積はさらに大きなものに発展しているようです）。

6▼▼▼検索型の総合古書店

総合古書店を発見型と名付けたのは、発見型ではない総合古書店もあるからです。いろんなジャンルの本をともかく一つの店に全部まとめて、そのなかから、お客様が思いもしなかったような意外な本との出合いの場を提供するのが、発見型の店です。

それに対して、「日本の古本屋」や「Amazon マーケットプレイス」などの検索サイトあるいは「ヤフオク！」のようなオークションサイトに出品しているだけの、検索型の総合古書店もあります。

検索サイトでは常に価格競争が起こっているので、それでは利益が出ないようにも思えます。普通の商売なら確かにそうなるでしょう。大資本がスケールメリットによって勝ち抜いていくぐらいしか、勝算はありません。

しかし、一般のお客様から仕入れた本を市場を通さずに直接売ることで、いわゆる産直式の商売が成り立ちます。つまり、売り値は普通でも、仕入れ値で価格競争から脱出しているわけです。店のアイデンティティーは買い取り店であり、これは買い取り専門店に近い形態です。

リアル店舗をもたず、ネットで宅配の買い取り広告を出しているにもかかわらず、販売のページが充実していない業者は、この形態が多いようです。

第９章　これからの古書店を考える

価格競争からの脱出

どんな形態の店をもつにせよ、商売をやっていくうえで最大のポイントは、ともかく価格競争に巻き込まれないようにすることです。

専門店やセレクトショップでは、決して安い値段を付けて本を売るようなことはしません。それでも売れるのは、何らかの付加価値をつけて販売しているからです。一方、発見型総合古書店の売り値は安めです。ここは最高値になる市場ではなく、一般のお客様からの仕入れを重視することで成り立っているのです。

自分がどのようなタイプの店をやりたいのか、はっきりしたビジョンをもつことが大切です。目標にしたい店を見つけて、まねてみるのもいいでしょう。どうやって経営を成り立たせているのかという視点から、ぜひじっくり観察してください。長く商売を続けている店であれば、必ずどこかで利益を出せるシステムになっているはずです。

広く本を集める

古本屋に限らず商店を開業しようとする場合、まず考えるのは、どのような品揃えにするかということです。普通の商店であれば、A社の商品からxとy、B社からはzといった商品構成をすればいいでしょう。しかし、古本屋には問屋もメーカーもありません。すでに作られている商品のメニューから選ぶような商品構成は不可能です。

また、古本屋を始めようとする場合、「文学」「歴史」「法律」など、ジャンルで品揃えをしていこうと考える人も多いでしょう。どんな本屋でも、歴史の本と美術の本はたいがい区別されて置かれていますし、また、理工書に強い本屋で宗教書を探すのは無理だということを知っているからです。けれども古本屋の場合、ジャンルで品揃えを考えるのはあまり得策とは思えません。

図書館では、NDCという方法で本を分類してあります。これによると、例えば、「臨床心理学」は百四十六番という数字で探すことができます。ところが百四十六番の棚には、実際には、何度も借りられてぼろぼろになった本から、長い間、誰も触っていないようなシリーズものまでが一緒に並んでいます。そして、その隣の百四十七番には「心霊研究」、百四十八番は「占い」となっています。ところが、「臨床心理学」と最も関わりが深い「精神医学」は四百九十番台という、はるかに離れた棚に並んでいます。

こうした分類は、あらかじめルールを知っている者にとっては間違いが起こりにくい便利な方法です。しかし、古本屋は役所ではありません。間違いが起こらないことよりも、いかにお客様に買ってもらえるような本棚を作っていくかが重要なのです。古書店が図書館と同様の分類方法で本を並べたら、品揃えも本の配列もまったく魅力がないものになるでしょう。当然、売り上げも伸びません。

古書店では、扱う分野をもう少し狭くして、「戦後文学の無頼派とその諸周辺の人たち」とか「大和朝廷成立にまつわる古代史」といったように、テーマを絞って考えていくのがコツです。深く突っ込んでいけば結局あらゆる知は最後のところでは通底しているので、いつかは広い範囲の本を扱えるようになります。

個人が興味をもって読む本の範囲は意外に狭いものです。本そのものが好きな人以外は、たいてい本に書いてある内容に興味があって読んでいるはずです。だからその範囲を超えると、読むどころか、最初から本の存在さえ知らない場合も多いのです。一人の店主が扱える本の範囲がある程度限られてしまうのは、仕方がないことです。しょせん、人間がおこなうことに完璧はありえませんけれども、その範囲を広げようとする努力は常に必要なのです。

先に挙げた「大和朝廷成立にまつわる古代史」というテーマを深く追求していくと、大和朝廷成立期の日本語はどのようなものだったのか（言語学）、その頃の帰化人はどんな技術を日本にもたらし（工学）、どのような服を着ていたのか（ファッション）、地理や気候はいまとどれくらい違うのか（地質学）など、どのようにもテーマを広げて本を集めていくことができるでしょう。個人商店である古本屋の品揃えは一点突破・全面展開方式でおこなうことを私は勧めます。

おもしろみがある棚作り

書店での本の棚作りは、前述のとおり、図書館のように本を分類するという発想ではできません。書店が本を並べるのは、売るためであって探すためではないからです。

日本で出版・流通している本のアイテム数がおよそ一億点だとすると、そもそも一つの書店に並べられる本の数は多くても数万程度です。それを網羅的に分類して、お客様が探し物を見つけやすいようにすることなど、はなから無理な話なのです。

ですから、本屋の棚作りは本を魅力的に見せることに主眼が置かれなければなりません。どの本とどの本を隣同士に並べると魅力的に見えるのか、どの本をどこに置くと効果的なのか。いろいろな要素があって一概にはいえませんが、常に工夫を怠らないようにしましょう。

同じテーマを扱った本、正反対の主張が繰り広げられている本、デザインが似た本、刊行年が同じ本——本を陳列するときに配慮すべき要素は無数にあります。そのどれを取り上げて、どの部分に目をつぶるのか。そこにこそ、本屋の個性が表れるといってもいいのです。

私がいつもやっているのは、例えば「人類と医療」や「女性と家族」「戦争とファッション」などのように、二つの要素を結び付けることです。こうすると棚が面として広がっていき、変化に富んだ棚作りがしやすくなります。

あるいは、「建築」といった大きなテーマを決めたら、そこから「建築と歴史」「建築と科学」「建築と美術」「建築と文学」「建築と宗教」というように、放射状にテーマを広げていくのも一つの方法です。

陳列方法の工夫

本をどのように棚に並べるかは、古書店にとってはたいへん重要な事柄です。新刊書店は、一般的に文庫や叢書などのシリーズごとに並べるようにしています。これは出版社の事情で在庫管理をおこなう必要があるからです。新刊書店にある本は、言ってみればすべて出版社の在庫です。出版社ごとに並べることによって、返品などの処理がしやすくなります。

また、何をどのように並べるか、どんな内容を選ぶかも、書店側ではなく出版社や取次店が主導権をもっているケースが少なくありません。

一方、古書店では出版社によるコントロールからは自由です。本の陳列も店主がいっさい采配を振ることができるのです。そのため文庫だろうと叢書だろうと、どんな内容のものをどのような順で並べるかは、店主のセンスにかかっています。

ただ、大きさが違う本を同じ棚に並べるとむだな空間が多くなってしまい、効率が悪くなります。けれども、例えば同じ著者による単行本と文庫本を一カ所に陳列するなど普通の新刊書店ではあまり見ない並べ方にすると、かえって新鮮な感じがして店の特徴がよく出る場合もあります。

叢書など、あらかじめ読者のターゲットが絞られるものについては、それだけで一つの棚にまとめたほうが親切でしょう。例えば岩波新書の場合、その分野の専門家以外の人に向けて一般的に認められている通説をわかりやすく説明した入門書がほとんどです。こういうものを専門家向けの研究書と一緒に置いても効果は薄いと思われます。

陳列方法を工夫するといっても、この程度の単純なことをどれだけ積み重ねていけるかにかかっているのです。

相場どおりでは商売にならない

相場を知っていることと、本が売れることとは直接的にはつながりません。いまはネットなどを使えばほかの人がどれくらいの値段で本を売っているのか、すぐに調べられます。さらに古書組合に入って市場（交換会）に通うようになれば、かなり珍しい本であっても相場感覚をつかむことができるようになるでしょう。

けれども、相場どおりでは必ずしも商売にはなりません。相場とは「他人の値段」です。その品物を買ったA店ならA店の値段が、そのときの値段になっているだけです。A店は顧客の注文を受けて入札したのかもしれません。それぞれの業者が、独自の根拠で値段を決めています。仕入れる理由が違うので、同じ値段で買っても同じように売れるとはかぎりません。古書の商売では、値段だけをまねしても意味はないのです。

同じようなことをやっていたのでは、先輩業者には勝てません。われわれ後発の古書店は、既存の価値付けをなぞるのではなく、中心に置かれないもの、世間から見忘れられているものにこそ、新たな価値を見いだしていくようにしたいものです。そこにこそ、古本屋の真骨頂があります。それが無から有を生む古本屋の錬金術というものです。

長く商売を続けている古書店はいずれも、その店だけが知っている「よく売れるもの」をもっています。それはほかの店には明かされませんし、市場で仕入れるときも、あまり高く仕入れると目立つので、あえてぎりぎりで買える値段で落札したりします。もっとも、そのようにいくら気を使っても、生き馬の目を抜くといわれる古書業界のことですから、すぐにバレて他店に追い付かれてしまうでしょう。バレたときにはすでに次の発見をしていなければなりません。古書の道とは、このように果てしないものです。

当店の場合

かくいう当店では、全品ネット価格の調査をしています。前述のように、当店のネットでの売り場はおもに「日本の古本屋」と「Amazon マーケットプレイス」で、両者を同時に調べられるシステムも作りました。珍しい出物については、オークションの落札記録や古書市場の落札価格、専門店の目録なども調査します。そして、ほとんどの本を最安値に付けるようにしています。

「Amazon マーケットプレイス」の場合、当店の基準では売価が千円未満の本はネットには出しません。たいていは五百円以下の値付けをして店頭に出します。「日本の古本屋」に出すのは売価が二千円以上の本で、原則的に版元品切れのものに限ります。新刊が手に入る本は売り値五千円以上になるものだけを出品します。

当店で扱うような本は、「日本の古本屋」と「Amazon マーケットプレイス」を比べると、たいていの場合、「日本の古本屋」のほうが安く出ていますが、安いほうの基準に合わせるということです。

では、店頭価格はどうしているかというと、基本的には連動方式をとっています。ネットのお客様には申し訳ないですが、大部分の品物は少し店頭のほうが安くなるようにしています。正直なところ、来店してくれるお客様がいちばんありがたいからです。

ただし、ネットのほうはすべてデータベースで管理しているので、いっせいに価格変更することも可能です。そこでときどき、バーゲンセールをおこなったりもしています。

ほとんどの本に最安値を付けるといいましたが、では、その「ほとんど以外」にあたるものはなにかというと、当店の主力商品である精神医学、臨床心理学、精神分析、それに現代思想や分析哲学などの分野で信頼できる内容の本です。これらの分野は仕入れをする際の看板にもなるので、後発の店よりも安くならない程度の「適正な」価格を目指して値付けをしています。また、これら以外の分野の本も、従業員がそれぞれ担当している本のなかで「これはすぐには売りたくないな」というものについては、独自の価格を付けています。

相場は変動するものです。内容がしっかりした本であれば、最安値にしなくても、必ず値段が上がってくるときがきます。そのときを待って、在庫として抱えておくことによって「品揃えがいい店」にもなるわけです。このようにわずかでも「簡単には売りたくない本」をとっておくことが、その店らしさ、独自の味わいや個性を出すコツになります。

次にくるトレンド

第8章では、古本屋の六つのビジネスモデルを紹介しました。ここでは、古本屋の未来について考えていくことにしましょう。

まず考えられるのは、電子書籍の時代がくるということです。昨今では、紙の本の刊行と同時に電子版を出すケースが多くなってきました。Kindleやkoboといったリーダーもかなり普及してきて、電子出版物の時代が到来したといってもいいでしょう。新刊書は紙ではなく電子版で買うのが主流になる日もそう遠くないかもしれません。こうしたことが新刊書店にとって相当な脅威になるのは確かです。けれどもわれわれ古本屋にとっては、まだ少し猶予があると思います。

古本屋が扱うのはすでに出版されて時間が経過している本です。これらは新しく出る本に比べると、ある程度普及しているので短期的な売り上げは望めません。また、在庫があるにもかかわらず電子版を出せば、その在庫の処分が難しくなります。電子出版といえども作るからにはある程度のコストがかかります。出版社としてもそう簡単に電子版を出すわけにはいかないでしょう。ましてや品切れ絶版になっている本は、すでに商業的には見切りをつけた本です。とくに話題性でもなければ、電子化しても採算はとれないでしょう。

そうした状況のなか、古本屋にとって最も恐ろしいのは、図書館などによって大半の品切れになっている本が電子化されてしまうことです。

そうした絶版本が電子書籍化される時代が、やがて訪れることはまちがいないでしょう。その時期がいつになるのか、まだ誰も予測がついてはいません。

では、電子図書時代に本屋に求められるのは何でしょうか。私は次の三つの要素があるとみています。

①コレクションアイテムとしての本を集める場所
②レファレンス機能
③本を通して人と人がコミュニケーションする場

①コレクションアイテムとしての本を集める場所

ここでは電子出版物とリアルな本の違いについて考えてみましょう。

電子出版物では、本のコンテンツにアクセスすることはできますが、リアルな体験としてその本の実物を手にすることはできません。したがって、同じ読書でも電子版と紙の本では異なる読書体験になります。その違いは極端にいえばテレビの画面で海を見るのと実際に海に行ったときほどの大きな差があります。

いまでも、電子図書館で古典籍の写真を見ることができます。そうしたものを見れば見るほど、現物を手に入れたい、本物がほしくてたまらないと感じる人がいるはずです。

たんに読むというだけなら、電子本ですむかもしれませんが、現物にあたることにはまた別の効用もあります。

「ある論説をそれが掲載された雑誌の中で見ることは、（略）時代の空気の中で読むことである」

「古書展通いは、（略）私に研究室の作業ではない、市民の中での思想史とその作業とは何であるかを教える場ともなったのである」（「私にとっての古書展通い」、日本古書通信社編「日本古書通信」二〇一三年十二月号、日本古書通信社）

日本思想史の重鎮・子安宣邦氏は、このような文章を「日本古書通信」に寄せています。

本には著者の原稿であるコンテンツ以外の情報もたくさん含まれています。表紙や本の作り、手触り、本文の組み方、巻末の広告などは、本文だけにしたら失われてしまうものです。本をそのまま写真に撮ったフィックス型の本の場合は、まだ少しはその名残がありますが、テキストデータ化したリフロー型の場合は、跡形もありません。

したがって、たとえ電子本時代がきたとしても、本の体裁などにも興味をもつ愛書家はもちろんのこと、実物に触れたい人、そしてその本を所有したいという人のためにも、やはり実際に本を手に取って購入できる場として、書店が存続する意味はあると思うのです。

②レファレンス機能

本来ならこれは図書館がやるべきことなのかもしれません。けれども、「街の書評家」としての書店の機能も決して見逃せないものです。例えば、新たに何らかの分野に入門しようとする場合、大きな書店に行ってその領域の全体像やトレンドを探ろうとする人はたくさんいるでしょう。とくに新刊書店ではいま売れている本がすぐにわかりますし、世の中でその分野がどのように評価されているかを、わりと容易につかむことができます。

一方、古書店では、すでに人に読まれて評価された本が並んでいるわけです。そこでの価格をみれば、価値が高い本はどれか、世の中での重要度がわかります。

③本を通して人と人がコミュニケーションする場

書店は、本がもつ吸引力によって人が集まる場所でもあり、ときにサロンとしての機能をもちます。とくに専門的な書店であれば、お客様同士がその分野の情報を交換する場所になりえます。登山用具店が山岳会を主宰するように、書店でも読書会や本に関するイベントをおこなって読書人口を増やすとともに、読書の効用を深めていく活動が求められます。

ただ本を並べているだけの普通の書店では、人と人とのコミュニケーションはなかなか生じません。座って会話ができるようなスペースをもつことも、これからの書店には必要になってくるでしょう。かつての古書店では、店主とお客様の間でよく会話が交わされたものです。作家や文化人のなかには、学生時代に古書店主によって読書への道を開かれたというエピソードを披露する人がたくさんいます。

新古書店の今後

新古書店は一般書の専門店です。つまり、大量に同じ本があることが前提になっています。大量出版時代は一九七〇年代からのおよそ二十年間でした。この間に蓄積された「同じ本」の山が新古書店を出現させました。しかし、次第にそういうものは減っていくでしょう。

ごく一部のベストセラーを除けば、名が知られた作家の本であっても、意外なことに数千部程度の発行部数しかないケースも珍しくないのが二〇〇〇年以降の出版業界の流れです。そうしたことから、大量出版時代の遺産を使い果たした新古書店がいずれ発見型総合古書店へとシフトしてくる可能性もあるのではないでしょうか。

古本屋の選書眼

同じ本が市場に大量にあふれたことが、現在の新古書店の隆盛をもたらしました。機械的に値付けをしていても、たいていの本が市場で必要とされるよりも多く発行されていたので、本の内容的な価値を問われることがなかったのです。

これからは、読みたくない本はたくさんあるけれど、読みたい本はなかなか見つからないという時代がきます。しかもそうした本はもともとの発行部数も少ないので、いったん買い逃すと、長期間次の出合いがめぐってこない可能性が高くなります。それだけに、古本屋の選書眼がいままで以上に重要になってきます。本のキュレーターとしての古本屋が果たす役割は、これからますます大きくなるのではないでしょうか。

こうしたことから未来の古書業界を占ってみると、工芸品のような物体としての本を一点一点大切に扱うビジュアル本中心のセレクトショップ型の古書店が生き残っていけるような気がします。

しかしそうはいっても、本屋は特定の本を選んだり勧めたりするべきではないと私は考えています。本屋は本と読者を結ぶ通路であって、通りたい者は誰でも通すべきだと思うからです。その意味でも、総合古書店はなくなってはならないという思いで、当店もふんばっているところです。

もっともこのような考え方は、時代の趨勢には合わない古くさい古本屋のおやじの繰り言なのか、そうでないのかは歴史が証明するでしょう。

いずれにせよ、私たちは結局やれるようにしか商売を続けることはできないでしょう。古書業界の将来像については、これから新たにこの商売を始めていこうという、本書の主たる読者のみなさんへの大きな課題として、残しておくことにします。

資料1　目録の用語――本の在庫カタログを作るときに使用する用語

▼付属品の用語

カバ：カバーのこと。洋書ではカバーは表紙のことを表す場合が多い。いわゆるカバーはダストジャケットと称する。

帯：腰巻きともいう。出版社が販売用のコピーなどを付けて、本の下のほうに巻いてあるもの。同じ本でも版によって内容が変わることがあるので、初版本コレクターにとっては重要。本体より高値になるケースも。

函《はこ》：サック。差し込み式のものを「函」、ふたがあるものを「箱」と区別する。かつては学術書は函に入っていることが多かったが、店頭で扱いにくいため、近年はカバー装に変えられることが多い。

夫婦箱：蓋と本体が一方でつながった箱。

輸送箱：本来の装丁とは別に、輸送用に付けられた段ボールの箱。カバーなどの外装品は新刊書店の店頭で傷んだ場合、出版社にかわりを要求できるが、輸送箱は商品自体ではなく、商品を保護するための箱という扱いなので、出版社は交換に応じない。

ビニカ：透明のカバー。材質はビニールのほかにプラスチックなどの場合もある。

元パラ：もともと付いていたグラシン（パラフィン）紙やセロハン紙。傷みやすいので貴重だが、元から付いていたものか不明の場合もある。地模様などが付いている場合は珍重される。

帙《ちつ》：和本を保護するための覆い。厚紙を芯にして布を貼ったもの。左右だけではなく上下にもあるのを四方帙、箱形に成形してあるのを箱帙という。

たとう：折り目をつけた和紙で作った包み。畳紙。

題簽：和本で、表紙に貼り付けてある題名の紙。

月報：全集などで、各巻に入っている小冊子の付録。配本順に付いてくるため、雑誌のような形式になっている。増刷のときに、合本になって付属する場合もある。

▼状態に関する用語

美本：刊行後年月が浅い本では、一見して古本とわからないような本。古い本では、年月のわりによく保存されている本のこと。

極美：古い本だが、非常にきれいに保存されているもの。新品同様ということではない。新本と区別がつかない最新刊の新古品を指す場合もある。

書き込み：おもに本文に、所有者による線引きや書き込みがあるもの。

少書き込み：書き込みの程度が少ないもの。「少々」の意だが、評価する古書店の主観的な面もある。反対は書き込み多し。「多し」となっていたら、ほぼ読むにたえないほど書き込んである。

線引き：書き込みの一種。文字ではなく線が引いてあるだけのもの。朱線は赤ペンや赤鉛筆の線。

記名：所有者を示す名前が書いてあるもの。たいていは見返しにある。表紙など、本の外側にある場合は場所を表示する。

蔵印：蔵書印を押してあるもの。

ムレ：湿気や水分で本文の紙が波打っているもの。

シミ：湿気や液体が表紙やカバーに浸透して、変色しているもの。本文の場合は「本文シミ」。

切れ：カバー、帯などが一部切断されているが、欠落した部分がないもの。
欠：本来あるべきものが失われていること。「帯少欠」は帯の一部が欠落していること。
ヤケ：陽に当たって退色していること。経年変化によって茶色く変色しているような場合を指すこともある。
ワレ：開きすぎで、ノドに隙間ができたり、製本の一部が傷んでいるもの。
開き癖：ワレまでいかない状態で、特定のページが開きやすくなっているもの。
コワレ：製本の一部が壊れて、ページがはずれているもの。
ツカレ：全体に古びてピンとしていないこと。用紙が軟らかくなったり、綴じにゆるみがあるもの。「くたびれ」ともいう。
ラミネート：透明のフィルムを全体にかけてあるもの。図書館などが保護のためにおこなうので、これがあるものはもともと図書館の蔵書だったことがわかる。
貸し本上がり：貸し本店による補強加工がなされているもの。綴じ部を強化するために大型のホッチキスを打ったり、ラミネート加工がしてあったりする。
イタミ：そのほかの難点。
経年劣化：外部から特別な刺激を加えなくても、歳月とともに自然に変化すること。空気による化学変化。普通は書かない。
落丁：一部のページが欠落しているもの。製本時の欠落と製本後の欠落がある。製本時の場合は、三十二ページぐらい抜けていることが多い。一枚の大きな紙を印刷後に折って製本するので、その紙一枚分が抜けるのである。和本の場合は、一、二葉の抜けが多い。
乱丁：製本時の失敗で、ページの順番や向きなどが間違っているもの。欠落しているページがないので、読むことはできる。

▼プラスの評価になる特徴

初版：二つの意味がある。狭義には、その作品が最初に本になったときの最初の版の最初の刷り。広義には、出版形態を変えた（文庫化など）初版初刷や、ほかの出版社から出た初版初刷なども含めて初版という。広義の場合はその本の奥付を見れば判断できるが、狭義のものは出版史を知らなければ判定できない。文芸書の初版などは、たいてい狭義のほうを指す。なお古書店では、初版二刷は初版とはいわない。反対語は重版、重刷。

署名：著者などが記念に書いたサイン。署名をあまりしない著者で、コレクターがいる場合は高額になることがある。

献呈署名：贈った相手の名前が記されている署名。相手が有名人であれば、貴重になることがある。

識語：署名に添えた詞書き。短歌などを記す人もいる。

落款：署名に添えた印影。

オリジナル：印刷ではないもの。版画・写真プリントなど。

書影：本の写真のこと。表紙を正面から撮ったものを使用することが多いが、最近は斜めから立体的に撮影したものが好評。在庫カタログでは、署名などの特徴や、傷みがある部分を強調して見せることもある。

▼古本屋の符牒

即売会：複数の書店が同一の会場に集まって、一般顧客を相手に本を売る催事。展覧会ともいう。神保町、高円寺、五反田などの古書会館では定期的に開かれている。デパートで大規模に開催されるときには「古本まつり」といわれる。
クロッポイ本：時代がかった古書。反対はシロッポイ本。
キキメ：全集などのそろい物のうち、とくに流通量が少なく、古書価も高価な巻。そこだけもっていれば、あとは自然に集まる。
マンジュウボン：法事のときに配られるような、故人の業績をしのぶための本。有名人でなければ、関係者以外は興味がないので古書価は付かない。企業が発行する記念誌もこれに含めることがある。
宅買い：出張買い取りのこと。買い物ともいう。
ガラ：本の大きさや体裁のこと。立派な本だが低価格の場合、「ガラのわりに安い」という。
ボー：古書市場で、最低価格に届かず取り引きが成立しないこと。
ツブシ：本を破棄すること。または、その本。
ナタ：半額のこと。
カズモノ：出版社の見切り品などで、同じ本をたくさん市場に出すとき、競争入札にせずに、あらかじめ価格を決めて購入者を募る本。ガイモノともいう。
ノリ：複数の業者で共同して買い取ること。

▼古書組合

古書組合：だいたい各県ごとにある。東京は東京都古書籍商業協同組合で、約六百三十人が加入。各地の古書組合が連合して、全国古書籍商組合連合会（全古書連）を結成している。全古書連傘下の古書組合員を、全古書連加盟古書店という。約二千三百人が加入。
市場《いちば》：古書業者の交換会。古書組合に加入しているメンバーしか立ち入れない。神保町の古書会館では毎平日開催している。不得意分野の本を持ち込み、得意分野の本と交換して帰るという仕組みだが、実際にはお金で換算する。
フリ：声を出して値を上げていくオークション。振り市。
置き入札：置いてある品物に付いている封筒に買い値を入れていく競争入札。決まった時間に開札して、最も高値の人が落札する。それまでは、誰がいくらで入れているかわからない。
回し入札：座っている人のところに、盆に載せた品物が回ってくる。神田では東京古典会だけがやっている。
日本の古本屋（http://www.kosho.or.jp/）：東京古書組合が運営する全古書連加盟古書店の古書販売サイト。現在九百三十人の古書店会員が在庫を登録している。在庫総数六百三十万件の国内最強古書販売サイトである。二〇一四年秋にはリニューアルを計画している。

▼その他

新本：古書ではない新品の本。「新書」は新書判の本のこと。
古書・古本：古書と古本の違いはあいまいである。古本とは新本より安く売られる中古品のことで、古書はプレミアムなものという説もあるが、実際には必ずしもそうではない。
古本屋・古書店：同じように、この違いもあまりない。役者と俳優、百姓と農家と同じように、古本屋というといくらか軽いニュアンスがあるので、古書店というほうが無難。ただし、古本屋は個人にも使えるが、古書店は店全体を指すことになる。従業員が多い新刊書店の「書店人」に対して、店主を中心とする「古書店人」という言葉はあまり使わないが、今後は使ってみたい。

▼書店用語

刊行年：古本屋の刊年（刊行年）は、その本が印刷された年であって、初版年のことではない。その点で図書館や引用論文の書誌情報とは異なっているので注意。購入者は刊年から経年変化を想像できる。

和本：明治初期以前の日本で作られた和綴じの本。ひもで綴じられている。書道の手本に多い折り本や、巻物は普通和本とはいわない。糊で綴じられた本は、よほど古いものでないとほとんどない。

和綴じ本：明治以降の洋本の時代に、あえて和本の装丁の仕方で作られた本。

洋本：和本や和綴じ本に対して、洋装の本を指す。つまり、普通の本である。西洋で作られた本は「洋書」。

文庫本：古書店ではA6判のシリーズものの本を指す。岩波文庫、新潮文庫など。文庫とついていても、東洋文庫のように大きさが違うものは「文庫本」とはいわない。

新書：文庫の幅でB6程度の高さをもつシリーズもの。岩波新書、講談社現代新書など。コミックスもこのサイズだが、新書とはいわない。サイズだけ指すときには「新書判」。

ムック：雑誌のような体裁の書籍。「別冊太陽・日本のこころ」など。普通はA4ぐらいの大判で図版が多いものを指す。

全集：文学全集、美術全集のような一般的な全集と、『夏目漱石全集』のような個人全集がある。前者は全般に古書価が安いとされる。「岩波講座世界歴史」のように、まとまったシリーズものも全集の一種とすることがある。

叢書：同一のデザインで、一定の読者層を想定して企画されるシリーズものの出版物。筑摩叢書、角川選書など。内容は、書き下ろしもあれば、収録や翻訳もある。企画が終了するまで長期にわたって刊行が続くが、そろいで商品の単位になることはない。全部買うことが想定される全集とは、そこが違う。

雑誌：逐次的に刊行されるもの。週刊誌や月刊誌、季刊誌など、定期的に発行されるのが普通だが、編集の都合で不定期になるものもある。たいていはソフトカバー。内容は、編集長を中心に複数の著者が分担して執筆している場合が多い。新刊書店では、書籍（雑誌でないもの）と雑誌では返品期間などの流通上の扱いが違う。一部の雑誌は書籍としてのコードをもっていて、書籍同様の扱いを受けている。

単行本：文庫・新書でも雑誌でもないもの。シリーズものではなく、単独で刊行される本。広義には叢書類も含める。マンガでは雑誌でないものを指すので、「サンデーコミックス」などのシリーズに収録されていても単行本である。

重版・増刷：かつては活字から紙型という型をとって印刷に使っていたので、この紙型を作り直すのが二版だった。同じ紙型から刷り増すのは二刷である。しかし、いまは活版印刷ではなく電子データから印刷されるので、その違いはあいまい。二版以降を重版という。

そのままなら重刷、内容に変更があれば重版にするべきだが、誤植の訂正など軽微な場合は重刷ですませている。本はたくさん売れれば売れるほど低価格にできる。しかし、最初にたくさん作って売れ残ると赤字になる。だから、通常は初版で損益分岐点ぐらいまで売って、増刷できたら黒字になる。一方、科学書などでは「改訂版」「第三版」などの文字が表題と一緒に表紙に書いてあることがある。この場合、別の本と考えるべきで、たいていＩＳＢＮも違っている。

限定版：発行する部数をあらかじめ決めて、それ以上作らない約束の本。多くの場合、凝った装丁の本になっている。同じ内容の通常版を同時に作ることもある。

私家版：市販の分とは別に、著者が知人に配るために特殊な体裁で作った本。通常の普及版と並行して作られる場合と、私家版だけの場合がある。後者は私家本ともいう。

自費出版：出版社の企画ではなく、著者自身の費用で制作するという点では私家版と同じだが、商業出版が不可能な本であるという点で、著者があえて作る私家版と違う。歌集や句集に多い。たいていは専門の出版社か、個人名が版元になっている。有名出版社の名前のあとに「サービスセンター」とついているのは自費出版かそれに近いもの。奥付に著者の住所があれば、ほぼ間違いなく自費出版。取次店によって配本される経路に乗らないので、一般の書店では売っていない。古書店でもまず売れない。

資料2　本の判型など

製本

一冊の本は印刷した紙を束ねて表紙を付けたものである。普通、本は同じものを複数冊作る。紙を束ねて表紙を付けることを、「製本」という。製本の仕方には大きく分けて二種類がある。並製本（仮製本）と上製本（本製本）である。並製本はソフトカバー、上製本はハードカバーともいう。

並製本は綴じた中身に軟らかい表紙を付けて、中身と同時に化粧断ちしたものをいう。

上製本は中身を綴じたあとに、厚紙や布で作った硬い表紙を付けたものをいう。上製本の表紙は中身より大きい。

本の形

多くの本は短い辺と長い辺の比が1：$\sqrt{2}$の形をしている。この形は長い辺（$\sqrt{2}$）を2つに折って半分にしても、縦横を入れ替えた同じ形になる。

例外として、新書・ノベルズ・コミックスで使われる縦長の形「B40取」、写真が多い雑誌で使われる「AB判」、詩集などにある正方形に近い「A20取」などがある。

▼本の判型（大きさ）

文庫の大きさがA6判ではがきと同じ大きさである。A6判とは、A判規格の全紙を半分に折ることを六回繰り返した大きさという意味。全紙の六十四分の一である。長辺がボールペンの長さに相当する。絵の「一号」もこの大きさ（二号ははがき二枚分）。文庫より小さい本を「豆本」などという。

文庫の倍の大きさがA5判で教科書や学術書に多く使われる。文芸雑誌もこの大きさ。ほぼ同じだが、少し高さが増しているのが「菊判」である。

A5判の倍の大きさがA4判（菊倍判）で美術書などに使われる。公文書もこの大きさ。

文庫と学術書の中間ぐらいの大きさで、高さが新書判とほぼ等しいのが四六判である。小説の単行本によく使われる。四六判とB6判はほぼ等しい。

B6判の倍の大きさがB5判で、週刊誌の大きさ。

B4は大型の美術書など、A3は豪華本やタブロイド、A2は新聞紙を開いた大きさである。

資料3　古本屋の連絡先

■古本屋に関しては何でも相談することができる

東京古書組合

東京都千代田区神田小川町三―二二
電話　〇三―三二九三―〇一六一

■ボール紙の封筒や段ボール製の折りたたみ梱包材など
新田
東京都新宿区山吹町三四三　新田ビル
電話　〇三―三二六九―三二二一（平日：九時から十八時まで）　ファクス　〇三―三二三五―三七七六

■段ボール箱など
アース段ボール
埼玉県北足立郡伊奈町西小針七―一七
電話　〇四八―七二八―九二〇二（平日：八時半から十八時まで）　ファクス　〇四八―七二八―九一三〇
http://www.bestcarton.com/

■OPPフィルム
インパック
東京都東大和市南街一―一一―一三
電話　〇四二―五六九―八一八三（平日：九時から十七時半まで）

http://www.impack.co.jp/index.html

■ＯＰＰ袋
アオミ製袋
東京都葛飾区西水元二—九—一
電話　〇三—五六九九—九〇八二（平日：九時から十八時まで）
http://www.aomist.com/

■ヘイコー平テープ
どこでも売っているが値段に開きあり。当店では楽天市場の「フェスティバルプラザ」（http://www.rakuten.ne.jp/gold/festival-plaza/）を利用。スズランテープも同等品。

■ラベラー
価格のラベルを貼る機械をハンドラベラーという。シールそのものは消耗品なので、「モカール」（http://mocal.jpn.com/）というところから買っている。

■印刷
東京古書組合御用達の印刷屋。古書目録からチラシまでやってくれる。
上毛印刷
東京都豊島区南池袋二—三—五

電話　〇三―三九八四―八五七六
http://www.jomo-p.co.jp/

■内装
古書店の内装を専門にやっている工務店フォレストピアでは、店舗設計から本棚の設置までを請け負う。中古の什器も扱っているので、運がよければ格安で古本屋が始められる可能性も。また、古書即売会でよく使われている木箱のようなものも作ってくれる。
フォレストピア（代表　中村敦夫）
東京都あきる野市入野一〇〇―三
電話　〇四二―五八八―五六六七

■各警察署の生活安全課
古本屋は古物商で、開業するにはまず公安委員会に届け出て、鑑札を取得する必要がある。窓口は管轄の警察署の生活安全課だが、署によって課名が異なる場合も。東京では、以前は防犯係といっていた。

■不動産屋
店舗にせよ倉庫にせよ、自己所有の物件ではなく賃貸で始めるならば、不動産屋に頼らざるをえない。共同住宅などの物件には、管理している不動産屋の看板が出ている。多くの物件に看板が出ている業者が、その地域で力がある不動産屋である。

■市役所などの役場

法律関係や必要な届け出など、わからないことは役場に聞けば教えてくれるはずだ。

資料4　古本屋の道具

鉛筆：古書店では伝統的に最後のページに鉛筆で値段を書く場合が多い。HBなどを使うと跡が残りやすいので、私は三菱鉛筆のユニの4Bを愛用。

消しゴム：これも必需品である。いろいろ試したが決定打はない。いまはプラスのエアーインを使っている。カスが細かくなりにくく、軽い力で消せる。また、紙も傷みにくい。

ブラシ：天のハナギレ近くを掃除するには、歯ブラシか習字の筆がいい。筆はノドに入った消しゴムのカスを取るのにも使える。そのほかの部分では、私は靴ブラシを使っている。例えば、コロンブスのジャーマンブラシ2など、軟らかい毛のものがいい。

化学雑巾：たいへん埃っぽい場所から買ってくることも多いので、化学雑巾は重宝する。当店では、ダスキンのクロスとハンディーモップを使っている。

ベンジン：シールはがしは、塗ってから待ち時間がいらないベンジンを使用。

雷神：ベンジン以外の溶剤としては、エーゼットというメーカーの「AZ超強力ラベルはがし雷神」を使用。溶剤に洗剤を混ぜたもので、汚れもよく落ちる。オレンジの香りがする。

ペーパーナイフ：溶剤をつけたあとは、ニッケンの「ペーパーナイフ」を使ってラベルをはがす。上手に使えば、固まった汚れもはがし取れる。

糊：本の補修などにはボンドの「木工用」を利用。値札や管理用の札を本に貼り付ける際は「アラビア糊」を使用しているが、いま一つきれいにはがれないので満足はしていない。

テープ：本はセロテープで補修してはいけない。セロハンと紙では性質が違うので、時間とともに本を傷めてしまう。本の補修に使うのは「ペーパーエイド」がいい。「Yomupara」(http://www.yomupara.com/)で購入できる。

アルコール：殺菌やかびくさい本の脱臭にはアルコールを使う。「無水アルコール」は、高価だが殺菌力が弱い溶剤なので使わない。当店では消毒用エタノールを使用。本を開いてたっぷりかければ、悪臭がとれる。ただし、タバコのヤニは無理なようだ。

グラシン紙：硫酸紙ともいう。トレーシングペーパーに似た半透明の薄葉紙で、古本の保護などに使ったが、最近はOPPに押されて利用頻度が減った。しかし、グラシン紙がかかった古書には風格がある。いろいろな厚さのものが売られているが、あまり薄いのはガラス製品の包装用なので、本の保護には役立たない。

OPP：オリエンテッド・ポリプロピレンの略で、最初から引き伸ばしてあるので、伸びにくいプラスチックフィルムである。袋状に加工したものにマンガや雑誌などを入れて使うが、平たいフィルムならカバーなども作れる。グラシン紙のカバーより中身がよく見えるので、最近はこちらが優勢。洋書では輸入の段階でかかっていることがある。厚さ〇・三ミクロンから〇・五ミクロンのものがよく使われる。

書棚：本屋にとって書棚は必需品だが、古本屋専用の棚を作っているところはない。そこで、家庭用品・新刊書店用品・図書館用品・事務用品のなかから適当に組み合わせて工夫している。

家庭用書棚でいちばん多く使われているのが、「クールラック」である。ビスなしで組み立てられるスチールラックで、薄い金属板製なので弱いが、組み合わせて背中を壁につけるようにすれば、ある程度の強度を保てる。とにかく安いので、手軽だ。棚板の片側に後ろ落ち防止用の出っ張りがあるので、両側から本を入れるには工夫が必要。

新刊書店用の棚で代表的なものはマルゼンである。高価だが、書店用品として考え抜かれているので便利な点が多い。ただし両面の背が高い棚がないので、壁用を背中合わせに組み立てることになる。また、新刊書店では重要と思われる下段のストッカーなども、古書店では使いにくい。雑誌の面陳用などいろいろなタイプや部品があるが、モデルチェンジすると手に入らなくなる。

図書館用はキハラなどがあるが、とにかく高価。使いやすそうなのだが買えない。中古で手に入ったらラッキー。

事務機や倉庫用品の棚は比較的安い。しかし、店舗で商品を陳列するためのものではないので、デザイン的によくなかったり、柱の陰など一部の場所が見にくかったりする。イトーキの書類棚や倉庫用の物品棚など。両側から本を入れられるので、什器の数が少なくてすむものも。

木製本棚：収納効率ではスチール製だが、落ち着いた雰囲気を出すには木製本棚のほうがいい。スチール製に化粧板を張るのも方法だが、イケアに行くと本屋でも使えそうなものを売っている。耐久性についてはわからないが、通常の木製家具に比べればグッと安価である。

『国語便覧』：古本屋の教科書として高校生向きの『国語便覧』が役に立つ。当店では従業員全員に渡している。

資料5　資金計画について

銀行：都市銀行は、売り上げの受け入れ専用と考えよう。零細企業の開業資金は貸してくれない。開業しようと思ったときから、その地域の信用金庫・信用組合などに口座を作って、少しずつでも貯金していれば、あるいは相談に乗ってくれるかもしれない。自治体の制度融資も、多くは金融機関経由となっている。

政策金融公庫：中小企業に貸し出すのが本来の仕事のはずだが、普通に申し込んでもなかなか貸してくれない。賃貸物件の場合、先に契約していないと貸してくれないので、借りないと保証金が払えない場合には、契約できないことになる。

信用保証協会：お金を借りるときには担保を出すか、保証人を要求されるが、この保証人のかわりをしてくれるのが信用保証協会。そのかわり「保証料」をとられる。金融機関を通して手続きをする。最初は手続きに二カ月から三カ月かかるので、緊急のときには間に合わない。

親戚：結局は、開業のときいちばん頼りになるのは親などの身内だ。まじめに何年も修業していれば、結婚式の資金に用意していたなどと言って出してくれるかもしれない。また、独立資金を出そうと言ってくれる親戚が現れないともかぎらない。ただし、銀行から借りたお金は返せばおしまいだが、人からお金を借りると、その恩はお金を返したあとも消えない。

貯金：自分で働いて貯金した人はわかっているだろうが、知らないうちに、親などがあなた名義の貯金を用意してくれていることがある。学資保険が満期後もそのまま残っていたり、結婚式用の積み立てがあったりなど。家にお金を入れている人は、それがそのままためてあるかもしれない。しかし、それは親などがためてくれたお金なので、自分の権利を主張せずに、感謝して使わせてもらうべきだ。もともと親のお金だった場合、贈与税が問題になることがあるので、借りたことにしておいて、あとで軌道に乗ってから返したほうがいいだろう。

遺産：ある人は、いいな。

資料6　古物商の許可申請

古本屋になるためには古物商の許可が必要だ。管轄地の警察が窓口になっている。受付で古物商をやりたいと言えば案内してくれるだろう。必要な書類は地域によって微妙に違っているので、まず警察の担当部署に問い合わせてから、書類集めをするべきである。担当者は一人ということも多いので、警察に行く前に在席を確認したほうが確実だ。

許可を出すのは都道府県の公安委員会である。申請から認可まで、一カ月から二カ月ぐらいかかるだろう。賃貸で営業する場合は契約書がないと申請できないので、その間は営業できないことになる。契約したらなるべく早く申請を出すようにしよう。問い合わせやほかの書類集めは契約前にしておくこと。古物商の許可が出ると、地域の防犯協力会に入ることになる。ない地域もあるかもしれないが、実質的に加入は強制だ。協力会を通じて、古物台帳と古物商のプレートが手に入る。

届け出をするときには、取り扱い品目を決めなければならない。美術品類、衣類、時計・宝飾品類、自動車、自動二輪車・原動機付き自転車、自転車、写真機類、事務機器類、機械工具類、道具類、皮革・ゴム製品類、書籍、金券類の十三品目がある。古書店をやるなら、書籍と美術品類は必須で、ＣＤなどを扱うときには道具類もとっておかなければならない。

申請は自分でできる。代理人などは必要ない。詳しいことは、警視庁の「古物営業」(http://www.keishicho.metro.tokyo.jp/tetuzuki/kobutu/kobutu.htm) のページを参考のこと。

資料7　開業資金内訳表

店を始めるために必要な資金はまともにやれば、これだけの金額がかかります。ここから、どうやって減らしていくかが工夫のしどころです。

資金計画

自己資金	貯金など
知人・親戚などからの借り入れ	急に支援してくれる人はいない。できるだけ早い段階から、開業計画を知人や親戚に話しておく。時間が信頼になる。
金融機関からの借り入れ	借りるには事業計画書などが必要。必要資金の半額以上を借りるのは難しい。県庁や市役所などに行って、開業資金のための制度融資がないか調べてみよう。五年以上その仕事に従事していると、独立資金の制度が使えるかもしれない。

費用

			小計	合計
不動産取得費	家賃は坪あたり一万円から三万円。二十坪で四十万円×開業まで二カ月として 保証金は五カ月から十カ月分 大家さんへの礼金 不動産屋の手数料	八十万円 二百万円から四百万円 四十万円 四十万円	三百六十万円	

内装費	入り口ドアや壁、天井、空調など。すでにある程度整っている物件と、まったくスケルトンの物件とがある。とくに空調は高いので要注意。	〇円から二百万円		
什器・備品	照明や本棚などの、店の空間を演出する調度。いくら使うかは考え方次第だが、環境重視のセレクトショップ型にするならここをケチってはいけない。看板やBGMの装置なども重要。店のアイデンティティーを重視するなら、包装紙などにも投資をする。そのほか、机、レジ、固定電話やパソコンなど。なるべくすでにもっている物を使おう。	五十万円から五百万円 二十万円	七十万円	
初期在庫	本好きが古本屋を開業するなら、蔵書が初期在庫の核になるはず。古物商は在庫が個性を決める。二十坪の店をギッシリ埋めるには二万冊ぐらい必要だが最初は一万冊で十分。知人・友人に譲ってもらおう。それ以外は、知り合いの古本屋に頼んで古書市場で安い物を仕入れてもらう。陳腐な本は数百冊で二千円なんてことも。目標売り上げ百七十万円の五倍＝八百五十万円分在庫するとして、仕入れはその三割以上※1にする。	二百五十五万円から	二百五十五万円	
その他運転資金など	レジのつり銭、当面の生活費など	五十万円	五十万円※2	七百三十五万円

※1　普通は一カ月に在庫の一割以上を売ることは難しいのだが、新規開店の店ではお客様にとってすべてが目新しいので、よく売れるはず。しかし、品物が足りない状態で始めると、売り上げに対して仕入れ代がかさみ、しばらくは苦しい営業になる。目標売り上げに対する仕入れをするので、この店の場合毎月五十万円ほどの仕入れが必要になり、売り上げの半分ほどを使うことになる。　※2　小計・合計は最低金額で算出。

あとがき

小学校の三年か四年の頃、何度投げてもこまを回せない友達がいました。僕はなんとかやり方を教えようとしましたが、説明すればするほど彼の投げ方は変になってしまうだけでなく、自分のほうもおかしくなってきました。結局、僕のまねをして何度も投げてもらうしかありませんでした。自分が無意識にやっていることは、なかなか言葉にして人に説明できないものです。当たり前すぎて、やっていることを客観的に見ることができないからです。

本書は古書店の経営について書いてありますが、実は僕は、よみた屋の実質的な経営者ではありません。お金に関することはすべて女房殿にやってもらっています。彼女がすることをすぐそばで見ていたので、「古書店の経営」というものについてかなり意識的になることができました。彼女が直感的にすることを、僕がExcelなどに落とし込んで理解するわけです。もちろん、納得するためにそんな作業をするわけではなく、より長期的な視野に立って修正を加えたり、銀行などに説明するための客観的な資料を作ったりするためです。

お金に関することは女房殿に任せきりでしたが、本に関しては僕が中心になって取り組んできました。レストランでいえば、オーナーが女房殿でシェフが僕という分業です。

僕が本屋の仕事を覚えたのは、高原書店という古書店です。ここで二十歳からアルバイトで三年、社員として五年過ごさせてもらいました。入社したのは、廃業したデパートのワンフロアを借り切った「ＰＯＰ店」を町田駅前に開く半年前でした。

当時は先代の高原坦社長が健在で、淵野辺、三ツ境、小田急相模原、大和、相武台、高円寺、新宿と、さまざま形態の店舗を作っていました。そのいくつかは短命に終わりましたが、こうした実験に立ち合えたことがどれほどのちの自信につながったか、計り知れないものがあります。

高原書店は、従来の古書店人脈とは別のところで開業した店です。本に関する技術も、社長と従業員が協力して、みんなで作り上げていきました。その分、古本屋の常識にとらわれない発想があったと思います。例えば、社長はいつも「大量出版時代に対して、古書店は売り場面積が絶対的に不足している」「古書店が従来切り捨ててきた一般書も、たくさん集めれば宝になる」「ベストセラーは一度世に受け入れられたのだから、時代がめぐれば再び求められる」など、のちの新古書店を予言することを言っていました。

まだインターネットも普及していないＭＳ―ＤＯＳの時代に古書のデータベースを作り始めたのは、僕たち従業員にとっても理解しがたいことでした。しかし、これが十数年を経てどれほど重要な基礎となったかは、周知のとおりです。

独立して西荻窪でよみた屋を創業してから二十二年が経過しました。創業から五年のうちに阿佐谷と現在の本店である吉祥寺に店を出しました。その間に多くの従業員と出会いましたが、こちらの意図が通じない経験をするたびに、古書店としての「常識」を考え直す必要がありました。

例えば、古書店では本に鉛筆で直接値段を書き込みますが、「跡が残るからしないほうがいい」

という意見を聞かされました。そのことで、人の手から手へ渡ってきた痕跡がむしろ古書の味わいを深めているのだという自覚を、僕らはもつことができました。

また、たくさんの同業者が開業しては消えていきました。古書店の経営が比較的安定していた一九九〇年代には、開業する若者はあまりいなかったのですが、新古書店が都内を席巻し始めた頃から、一方で古書店ブームともいえるものが起こってきたようです。しかし、古書の商売に興味をもつ若い人たちは、本については詳しくても、商売の方法に関しては基本的な知識さえ持ち合わせていない場合があります。助言してあげたいことも多いのですが、同業者としてあまり押し付けがましいことは言えません。やっと相談にきてくれたときには手遅れ、というケースがほとんどです。

よみた屋の商売も、ずっと順調だったわけではありません。とくに二〇〇三年、すぐそばに大型の新古書店ができてからは、本当に苦しい道のりでした。そのつど、「やれるようにやる」ことでなんとか凌いできましたが、それらの工夫の一部でもみなさんに伝えられればと思います。

本書では、少し強引なぐらい「総合古書店」を勧めています。これからの古書店はセレクトショップ型か発見型総合古書店が有望です。しかし、セレクトショップ型の店を長く続けるには、相当洗練されたセンスを要求されます。それだけの鋭敏な感受性があれば、ほかの仕事（例えば本を作る側とか）もできるでしょう。

普通の人が経営するためには、店主自らが雄弁に語らず、本自身に語らせ、本自身が客を呼ぶ発見型総合古書店以外にないと思います。実際に、ほとんど取りえがない僕が古書店主をやってこられたのも、なるべく本を選ばないという方法が高原書店での経験で体に染みついていたからでしょう。本書が、僕と同じような普通の人が少しでも自由を手にする助けとなればいいと祈っています。
最後に、青弓社の矢野恵二さんにはたいへんに感謝しています。最初にお話をいただいてから八年にわたり、粘り強く原稿を待っていただきました。また、担当編集者の本多貴子さんにはたいへんにお世話になりました。彼女の支えがなければこの本は完成しなかったでしょう。

二〇一四年六月　澄田喜広

＊古本よみた屋について
「女と男と子どものための総合古書店」という看板を掲げて一九九七年から吉祥寺で営業。「おじいさんの本、買います！」のキャッチフレーズのもと、精力的に古い本の買い取りをしています。
住所　東京都武蔵野市吉祥寺南町二―六―一〇
電話・ファクス　〇四二二―四三―六五五〇
営業時間　十時から二十二時まで
定休日　なし（年末年始を除く）
http://www.yomitaya.co.jp/

毎日、大量の新刊書が刊行される。とても全部は読めないので、書評や宣伝を参考にして、あるいは書店の店頭を眺めて、読むべき本を探す。

みんなの話題について行くためには大量の本を、素早く読まなければならない。

それでも話題の本がたくさんありすぎるので、目次と広告だけ見て読んだことにする。あるいは新聞の書評や雑誌のダイジェストを見て読んだふりをする。すこしでも速く多く読むために、速読法を身につける人もある。


だがちょっと待ってほしい。

何世代も読み継がれた本は、最近出版された本よりも価値がないのだろうか。時間に吟味された古い本を読む方が、評価の定まらない新しい本を自分で吟味するより有意義ではないだろうか。

素早く読み終えることは、一冊の本を時間をかけて読む事よりいいのだろうか。ゆっくり時間をかけて味わうのでなければ、取りこぼしてしまう事柄があるのではないだろうか。

何度も同じ本を読み返すことは、次々に新しい本を征服することより意味が少ないだろうか。

十代で読んだ本を、子や孫を持ってから読み返せば、変化してゆく自分を発見できるかもしれない。

話題の本に詳しいことは、そんなに優れたことだろうか。新刊を紹介するプロでないなら、みんなが読む本は他の人に任せて、自分しか読んでいない本を持つ方がいいのではないだろうか。

世代を超えて読み継がれてきた古典を読むこと。声に出すようにして、ゆっくり読むこと。同じ本を何度も読み返すこと。自分だけの愛読書を持つこと。こういう読書を「ゆっくり読書＝スローリーディング」と名付けてみたい。

私たちは、話題に乗り遅れないために焦って流し読みする消化不良の読書にNONを言おう。人の手から手へわたってきた古い本を熟読しよう。同じ本を何度も読み返そう。そしてそれを、心の中で朗読するようにゆっくりと読もう。

スローリーディング宣言。

［著者略歴］
澄田喜広（すみだ よしひろ）
1963年生まれ。和光大学卒業
1984年に学生アルバイトとして高原書店に入社。８年勤めて独立、東京・西荻窪でよみた屋を開業した。のちに吉祥寺に移転して現在に至る。加盟している東京古書組合では、全国1,000軒の古書店が参加する古書通販サイト「日本の古本屋」事業部を長年担当している

よみた屋ウェブサイト　https://www.yomitaya.co.jp/
X アカウント　@sumida01

古本屋《ふるほんや》になろう！

発行――――2014年8月25日　第1刷
　　　　　2024年7月31日　第3刷
定価――――1600円＋税
著者――――澄田喜広
発行者―――矢野未知生
発行所―――株式会社青弓社
〒162-0801 東京都新宿区山吹町337
電話 03-3268-0381（代）
http://www.seikyusha.co.jp
印刷所―――大村紙業
製本所―――大村紙業

ISBN978-4-7872-9223-0　C0095